प्रेम

PREM KI AGANI

डॉ. रवि रज्ज

@MINORSTUDY_POETRY

प्रेम केवल एक क्षणिक भावना नहीं है; यह एक अनंत ज्वाला है, आत्मा में उठने वाला तूफान। इसे जुनून प्रज्वलित करता है, इसे चाहत आकार देती है, और इसे समर्पण अटूट बनाता है। यह कविता संग्रह प्रेम की गहराइयों की यात्रा है–वो तड़पती निगाहें, वो फुसफुसाते इकरार, वो स्पर्श की बिजली, और वो अनुपस्थिति की खामोश पीड़ा। ये शब्द आपके हृदय को प्रज्वलित करें और आपको गहरे प्रेम की शक्ति का एहसास कराएँ।

क्रम-सूची

क्रम-सूची

क्रम-सूची

क्रम-सूची

क्रम-सूची

प्रस्तावना

प्रेम, केवल एक भावना नहीं, बल्कि आत्मा का संगीत है। यह शब्दों में ढलकर गीत बनता है, आँखों में चमककर सागर बनता है, और स्पर्श में घुलकर जीवन का सार बनता है। प्रेम केवल मिलने का नाम नहीं, यह इंतजार भी है, तड़प भी है, और उन अनकहे शब्दों का मेल भी, जो दिल की गहराइयों में दफन रहते हैं। इस संग्रह में प्रेम की उसी तीव्रता को शब्दों में ढालने का प्रयास किया गया है। हर कविता एक धड़कन है, हर शेर एक स्पर्श, और हर शब्द एक अहसास।

आशा है कि यह पुस्तक आपको आपके अपने प्रेम के लम्हों की याद दिलाएगी और दिल के उन कोनों को छू जाएगी जहाँ केवल सच्ची भावनाएँ ही स्थान पा सकती हैं।

भूमिका

प्रेम केवल एक क्षणिक भावना नहीं है; यह एक अनंत ज्वाला है, आत्मा में उठने वाला तूफान। इसे जुनून प्रज्वलित करता है, इसे चाहत आकार देती है, और इसे समर्पण अटूट बनाता है। यह कविता संग्रह प्रेम की गहराइयों की यात्रा है–वो तड़पती निगाहें, वो फुसफुसाते इकरार, वो स्पर्श की बिजली, और वो अनुपस्थिति की खामोश पीड़ा। ये शब्द आपके हृदय को प्रज्वलित करें और आपको गहरे प्रेम की शक्ति का एहसास कराएँ।

पावती (स्वीकृति)

इस पुस्तक के सृजन में जिन प्रेमपूर्ण स्मृतियों, अनुभूतियों, और प्रेरणाओं ने योगदान दिया, उनके प्रति मेरा हृदय से आभार। यह संग्रह उन सभी आत्माओं को समर्पित है जिन्होंने प्रेम को उसकी संपूर्णता में जिया है–उनके लिए जो प्रेम में हैं, जो प्रेम की खोज में हैं, और जो प्रेम के एहसास से गुजर चुके हैं।

मैं उन सभी शब्दों को नमन करता हूँ जो हृदय से निकले और कविता बन गए। यह पुस्तक उन अनकही कहानियों, उन चुप्पी में बसी संवेदनाओं और उन नजरों में छिपे इकरार का प्रतीक है। प्रेम की इस यात्रा में मेरे साथ चलने के लिए धन्यवाद।

आमुख

प्रेम एक अनुभूति है जो शब्दों से परे है, एक ज्वार जो मन के तटों से टकराता रहता है। यह केवल दो आत्माओं का मिलन नहीं, बल्कि भावनाओं की वह लय है जो जीवन को संगीतमय बना देती है। यह पुस्तक प्रेम की उन्हीं अनकही भावनाओं का एक संग्रहीत स्वरूप है।

हर कविता एक भावना की परछाई है, एक अनकहा अहसास जो प्रेमी हृदयों में स्पंदित होता है। जब आप इन शब्दों को पढ़ेंगे, तो शायद आपको अपने प्रेम की झलक इनमें दिखे, अपनी ही कोई अधूरी कहानी महसूस हो। यह संग्रह प्रेम की तीव्रता, उसकी तड़प, उसकी मिठास और उसके अंतहीन विस्तार को समर्पित है।

1. तप्त रात्रियाँ

चाँदनी तुम्हारे कंधों पर बिखरती है,
तुम्हारी त्वचा को चाँदी के कैनवास में बदलती है।
मैं काँपते हाथों से अपने प्रेम की तस्वीर बनाता हूँ,
उन नक्षत्रों को जोड़ते हुए जिन्हें केवल हम जानते हैं।
चाहत हमारे बीच एक तूफान है,
एक ज्वार जो कभी कम नहीं होता।
इस रात की तपिश और फुसफुसाहट में,
मैं खो गया हूँ–और कभी नहीं मिलना चाहता।
तुम्हारी साँसों की गर्माहट,
मेरी आत्मा तक को सुलगाती है।
हर हल्की छुअन में एक ज्वाला,
हर अधरों की थरथराहट में एक आग।
सितारों की छाँव में,
हमने अपनी परछाइयों को उलझते देखा,
हर स्पर्श एक नई लपट थी,
हर लम्हा एक न बुझने वाली लौ।
सपनों की इस भोर में,
हम जलते रहे, सुलगते रहे,
तप्त रातों की तपिश में,
हम प्रेम के नये अर्थ गढ़ते रहे।
रात की खामोशी में,
तुम्हारे अधरों की हल्की थरथराहट,

प्रेम

मेरी आत्मा को पुकारती रही,
और मैं उस पुकार में खोता गया।

2. तुम्हारी बाहों में

संसार एक गूँज बनकर रह जाता है,
जब मैं तुम्हारी बाहों की रेशमी गर्मी में समा जाता हूँ।
साँसों से साँसें मिलती हैं, समय विलीन हो जाता है,
और हम एक असीमित अस्तित्व बन जाते हैं।
मैं युगों तक यहीं रह सकता हूँ,
जहाँ धड़कनें कविताएँ लिखती हैं,
और प्रेम ही एकमात्र भाषा बन जाती है।
तुम्हारी गंध मेरे चारों ओर है,
हवा में घुली, मेरी आत्मा में बसी।
तुम्हारी आवाज़ एक गीत है,
जो मेरे हृदय की हर धड़कन में गूँजती है।
तुम्हारी बाहों में ठहर जाएँ लम्हे,
सूरज की पहली किरण जैसे नर्म एहसास।
तुम्हारी उंगलियों की नरमी मेरे चेहरे पर,
शबनम के मोती से गिरते अहसास।
तुम्हारे होंठों की सरसराहट,
मेरी रूह को गहराई से छूती है।
तुम्हारी आँखों की वो गहराई,
जिसमें मैं खुद को हर बार खोता हूँ।
बाहों में सिमटे हुए हम,
सारे जहां से बेखबर।
सांसों की गर्मी में घुली मोहब्बत,

प्रेम

धड़कनों में गूंजता प्रेम का स्वर।

3. प्रज्वलन

तुम्हारी आँखें, अंधेरे में जलते दीप,
मुझे ऐसी अग्नि में खींच ले जाती हैं जिससे मैं बचना नहीं
चाहता।
उंगलियाँ मेरी त्वचा पर अंगार बिखेरती हैं,
वो रहस्य बुदबुदाते हुए जिन्हें केवल रात समझती है।
तुम वो चिंगारी हो जो मुझे जागृत करती है,
एक लौ जो कभी नहीं बुझती–
एक प्रेम जो अनंत जलता रहता है।
हर शब्द में तुम्हारा नाम है,
हर सांस में तुम्हारी छवि।
तपती धूप में बादल की तरह,
तुम्हारी छाँव ही मेरी शांति है।
तुम्हारी हँसी में मधुर संगीत है,
जो मेरी धड़कनों में बसा रहता है।
तुम्हारे स्पर्श की गर्माहट में
एक ज्वाला है जो रूह तक जलाती है।
तुम्हारे बिना यह जीवन अधूरा है,
तुम एक अधूरी कविता की तरह हो,
जो शब्दों में ढलने को तरसती है,
जो अधरों से बहने को बेचैन रहती है।
हर रात तुम्हारी यादों की चादर ओढ़े,
तारों से बातें करता हूँ।

हर सुबह तुम्हारी परछाईं के साथ,
सूरज की किरणों में तुम्हें खोजता हूँ।
तुम्हारी साँसों में समेट लेना चाहता हूँ खुद को,
तुम्हारे सीने पर सिर रखकर
समय को रोक देना चाहता हूँ,
जहाँ केवल तुम और मैं हों।

4. प्रेम

प्रेम केवल एक शब्द नहीं,
यह तो आत्मा की गहराई है,
जो हर धड़कन में स्पंदित होता है,
जो हर साँस में महकता है।
यह पहली नजर की चिंगारी है,
जो अनंत तक जलती रहती है।
यह अधरों की खामोशियाँ हैं,
जो बिना बोले भी सब कहती हैं।
यह सावन की पहली बूँद है,
जो मन के मरुस्थल को भिगो देती है।
यह जाड़े की ठंडी रातों में,
तुम्हारी हथेलियों की गरमाहट है।
प्रेम वो चुप्पी है जो शब्दों से भारी होती है,
प्रेम वो इंतज़ार है जो सदियों तक चलता है।
यह वो समर्पण है, जो अपना अस्तित्व मिटाकर भी,
सामने वाले के लिए दीपक सा जलता रहता है।
प्रेम सीमाओं से परे है,
यह ना धर्म देखता है, ना जात।
यह केवल आत्मा का नर्तन है,
जहाँ दो दिल एक सुर में धड़कते हैं।
तो आओ, इस प्रेम को जी लें,
हर धड़कन को इसका गीत बना लें।

यह अनमोल है, यह शाश्वत है,
प्रेम... केवल एक शब्द नहीं,
यह सम्पूर्ण सृष्टि का संगीत है।

5. मुस्कान

तेरी मुस्कान जैसे भोर की पहली किरण,
जो अंधेरों को छूकर रोशनी में बदल दे।
जैसे चाँदनी रात में टिमटिमाते तारे,
जो गहराइयों में भी उम्मीद की लौ जला दे।
तेरी मुस्कान में बसती हैं कहानियाँ,
जो शब्दों से परे, दिल में उतर जाती हैं।
कभी छूती है हवा की तरह हल्के से,
कभी बिजली बनके दिल को झकझोर जाती है।
जब भी उदासी का बादल घिरता है,
तेरी मुस्कान सूरज बन चमक उठती है।
जैसे सावन की पहली बूँद,
जो सूखी मिट्टी को महका देती है।
तू जब भी मुस्कुराती है,
हर दर्द पल भर में खो जाता है।
जैसे कोई जादू की छड़ी घूम गई हो,
और हर उदासी प्रेम में बदल गई हो।
ओ मेरी जान, यूँ ही मुस्कुराती रहना,
क्योंकि तेरी मुस्कान मेरी दुनिया है।
यह धड़कनों की सबसे प्यारी धुन है,
जिसे मैं बार-बार सुनना चाहता हूँ।

6. अँधेरा

अँधेरा जब गहराने लगता है,
तेरी यादों की लौ जल उठती है।
हर साया तेरा चेहरा बन जाता है,
हर खामोशी तेरा नाम गुनगुनाती है।
रात की स्याही में डूबा आसमान,
मेरे मन का हाल बयान करता है।
सितारे भी बुझ-बुझ से लगते हैं,
जब तू पास नहीं होती।
अँधेरा सिर्फ़ रोशनी की गैरमौजूदगी नहीं,
यह तेरे बिना मेरे अधूरेपन की निशानी है।
यह उन अनकहे लफ्ज़ों का सागर है,
जो तेरी बाहों में सुकून पा सकते थे।
कभी-कभी लगता है,
अँधेरा मेरा साथी बन गया है।
तेरी यादों की चादर ओढ़कर,
यह मुझसे बातें करता है।
पर जानता हूँ, हर रात के बाद सवेरा होगा,
तेरी मुस्कान का सूरज फिर उगेगा।
तू लौटेगी या नहीं, पता नहीं,
पर यह अँधेरा मेरा अपना रहेगा... हमेशा।

7. सवेरा

सवेरा तेरी यादों सा लगता है,
धीरे-धीरे अंधेरों को छूकर,
हर तरफ उजाला बिखेरता हुआ।
जैसे तेरी हँसी मेरी उदासी को मिटा देती है।
पहली किरण जब गालों को सहलाती है,
याद आता है तेरा पहला स्पर्श।
नर्म धूप की हल्की गरमाहट में,
तेरी बाहों की तपिश महसूस होती है।
सवेरा सिर्फ़ सूरज का उठना नहीं,
यह मेरे मन के अंधेरों का उजास है।
यह तेरी आँखों की चमक है,
जो हर ग़म को रोशनी में बदल देती है।
जब ओस की बूँदें पत्तों पर ठहरती हैं,
लगता है जैसे तेरी नज़रें ठिठक गई हों।
जब पंछी अपने प्रेम गीत गाते हैं,
दिल तेरा नाम पुकारने लगता है।
ओ मेरे प्यार, मेरी सुबह की रोशनी,
यूँ ही मेरी जिंदगी में चमकते रहना।
क्योंकि जब तू पास होती है,
हर दिन एक नया सवेरा लगता है...

8. रात

रात जब चुपचाप उतरती है,
तेरी यादें मेरी रूह को छूने लगती हैं।
हर तारा तेरा नाम लिखता है,
हर चाँदनी तेरा अक्स बिखेरती है।
रात की ठंडी हवाएँ,
तेरी साँसों का एहसास कराती हैं।
हर सिहरन में तेरा स्पर्श महसूस होता है,
जैसे तू मेरे करीब ही बैठी हो।
खामोशियों में भी एक शोर होता है,
जब दिल तुझे पुकारता है।
तेरे बिना ये रात अधूरी सी लगती है,
जैसे चाँद बिना नूर के तन्हा हो।
कभी-कभी लगता है,
रात मेरे दर्द को समझती है।
यह अंधेरे में भी मुझे रोशनी देती है,
तेरी यादों की चादर ओढ़ा देती है।
ओ मेरी जान, एक वादा करो,
जब भी यह रात गहराएगी,
तुम मेरे ख्वाबों में आओगी,
चुपके से मेरे दिल को सुलाओगी...

9. चाँदनी

चाँदनी जब धरती पर उतरती है,
तेरी बाहों का एहसास कराती है।
नर्म रोशनी की चादर में लिपटी,
जैसे तेरे प्यार ने मुझे सजा दिया हो।
यह रात जब चुपचाप मुस्कुराती है,
लगता है तू कहीं पास ही बैठी है।
तेरी हँसी की हल्की खनक,
इन तारों की झिलमिलाहट में गूँजती है।
चाँदनी की ठंडी किरणें,
तेरे कोमल स्पर्श की याद दिलाती हैं।
हर उजाला जो इसका बिखरता है,
मेरे दिल की राहों को रोशन कर देता है।
तेरी मोहब्बत भी चाँदनी जैसी है,
शांत, मधुर, पर फिर भी गहरी।
जो मुझमें समा जाती है हर रात,
और मेरे वजूद को रोशनी से भर देती है।
ओ मेरी जान,
यूँ ही मेरी रातों को रोशन करती रहना।
क्योंकि जब भी चाँदनी गिरती है,
मुझे बस तेरा ही अक्स दिखता है...

10. खुशबू

तेरी खुशबू हवा में घुली रहती है,
जैसे बहारों में महकते गुलाब।
हर सांस के साथ महसूस करता हूँ,
तेरा पास होने का अहसास।
सुबह की भीगी ओस में,
तेरी खुशबू का नर्म स्पर्श है।
बारिश की पहली बूंदों में,
तेरी साँसों की हल्की गर्माहट है।
जब तेरा आँचल हवा में लहराता है,
एक मीठी महक मुझे घेर लेती है।
लगता है जैसे फूलों के बाग़ में खड़ा हूँ,
जहाँ हर कली तेरे नाम से खिली हो।
तेरी खुशबू सिर्फ़ महक नहीं,
यह तेरी यादों का दरिया है।
जो हर लम्हा मुझे बहा ले जाता है,
तेरी बाहों की नर्म छाँव में।
ओ मेरी जान,
यूँ ही मेरी रूह को महकाती रहना।
क्योंकि जब भी यह खुशबू आती है,
दिल बस तेरा नाम दोहराता है...

11. ज़ुल्फ़ें

तेरी ज़ुल्फ़ें जब बिखरती हैं,

रात की काली घटाओं सी लगती हैं।

एक हल्की हवा जब उन्हें छूती है,

मेरे दिल की धड़कनें तेज़ हो जाती हैं।

इन घने बादलों की छाँव में,

मैं अपनी दुनिया बसा लेना चाहता हूँ।

तेरे हर लट की हलचल में,

खुद को खो देना चाहता हूँ।

जब ये ज़ुल्फ़ें तेरे चेहरे को छुपाती हैं,

दिल में एक हसरत जागती है।

इन्हें हटाने की ख्वाहिश होती है,

तेरी आँखों में डूब जाने की आरज़ू होती है।

बारिश की बूंदें जब इनमें उलझती हैं,

लगता है जैसे मोती बिखर गए हों।

तेरी ज़ुल्फ़ों की खुशबू में,

सारे मौसम महकने लगते हैं।

ओ मेरी जान,

यूँ ही इन बादलों को लहराने देना,

इनकी छाँव में मुझे खो जाने देना,

क्योंकि तेरी ज़ुल्फ़ें मेरी सबसे हसीन पनाह हैं...

12. निगाहें

तेरी निगाहें जब मुझ पर ठहरती हैं,
लगता है वक्त वहीं रुक गया हो।
हर झपकती पलक के पीछे,
एक अधूरा ख्वाब बसा हो।
ये आँखें सिर्फ़ आँखें नहीं,
एक गहरी किताब हैं।
हर पन्ने पर लिखा हुआ,
तेरे दिल का कोई अनकहा एहसास है।
कभी ये बारिश की तरह बरसती हैं,
तो कभी चाँदनी की तरह ठहरती हैं।
कभी आग सी जलाती हैं,
तो कभी बहारों सी महकती हैं।
जब तू नज़रें झुका लेती है,
चाँद बादलों में छुप जाता है।
और जब नज़रों से बात करती है,
दिल में मोहब्बत का मौसम आ जाता है।
ओ मेरी जान,
यूँ ही अपनी निगाहों का जादू चलने देना,
इनमें खो जाने का दिल करता है,
इनसे बचने का कोई इरादा नहीं...

13. तेरा बदन

तेरा बदन जैसे चाँदनी की नरम रोशनी,

जिसमें मैं हर रात खो जाना चाहता हूँ।

तेरी खुशबू जैसे भीगी मिट्टी की सौंधी महक,

जो हर सांस में बसती चली जाती है।

तेरी त्वचा पर फिसलती हवा,

जैसे समंदर पर चलती हल्की लहर।

हर छुअन में एक नया एहसास,

हर स्पर्श में एक नया जादू।

तेरा बदन बारिश की बूंदों सा ताज़ा,

जिसे छूते ही मन भीगने लगे।

जैसे गुलाब की पंखुड़ियों पर ओस,

जो सुबह की पहली किरण में चमकती हो।

जब तू मेरे करीब आती है,

तो मौसम महकने लगता है।

तेरी सांसों की गर्माहट,

मेरी रूह तक उतरने लगती है।

ओ मेरी जान,

यूँ ही अपनी छाँव में मुझे समेटे रखना,

तेरे बदन की खुशबू मेरी सबसे हसीन पनाह है...

14. गर्माहट

तेरी बाहों की गर्माहट,
सर्द रातों का सबसे हसीन अहसास।
जैसे जलते अलाव के पास बैठकर,
रूह तक उतरती एक नरम तपिश।
तेरी साँसों की गर्म लहर,
जब मेरे चेहरे को छूती है,
लगता है जैसे सूरज की किरणें,
समंदर की लहरों से लिपट रही हों।
तेरी हथेलियों का नर्म स्पर्श,
मेरे भीतर ज्वालामुखी जगा देता है।
एक आग जो शांत भी है,
और बेकाबू भी।
जब तू मेरे करीब होती है,
तो धड़कनें तेज़ हो जाती हैं।
तेरे जिस्म की हल्की गरमाहट में,
मैं खुद को溶ता महसूस करता हूँ।
ओ मेरी जान,
यूँ ही अपनी आग में जलने देना,
तेरी मोहब्बत की ये गर्माहट,
मेरी सबसे गहरी पनाह है...

15. कंपन

तेरी उंगलियों का हल्का स्पर्श,
जब मेरी त्वचा को छूता है,
एक मीठी सी कंपन उठती है,
जैसे सर्द हवा में बांसुरी बज उठी हो।
तेरी साँसों की लरज़िश,
जब मेरे कानों को सहलाती है,
हर रोम रोम जाग उठता है,
जैसे कोई गीत बज उठा हो।
तेरे लबों की सरसराहट,
जब मेरी पेशानी को छूती है,
दिल की गहराइयों में हलचल मचती है,
जैसे बारिश से तरंगें उठती हैं।
तेरी नज़रों की मदहोशी,
जब मेरी रूह से टकराती है,
एक नशीली हलचल सी होती है,
जैसे समंदर में तूफ़ान आ जाए।
ओ मेरी जान,
यूँ ही अपनी छुअन से मुझे सिहरने देना,
तेरी मोहब्बत की ये कंपन,
मेरी सबसे मीठी धड़कन है...

16. झील

तेरी आँखें एक शांत झील जैसी,
जिसमें मैं हर रोज़ डूब जाना चाहता हूँ।
गहराई में छुपे अनकहे अहसास,
हर लहर में बहती मोहब्बत की मिठास।
जब ये झील सर्द हवा से काँपती है,
तेरी पलकों की हलचल में हल्की हलचल होती है।
कोई ख्वाब जैसे पानी में उतरता है,
कोई एहसास जैसे गहराइयों में खो जाता है।
तेरी आँखों की इस झील में,
हर शाम चाँद का अक्स उतरता है।
और मैं किनारे बैठा इसे निहारता हूँ,
खुद को इनमें खोता हुआ महसूस करता हूँ।
कभी तेरी झील सी आँखों में,
खामोश मोहब्बत तैरती है।
कभी इनमें बेचैन लहरें उठती हैं,
जो मेरे दिल तक दस्तक देती हैं।
ओ मेरी जान,
यूँ ही इन गहरी आँखों में मुझे डूबने देना,
तेरी झील की गहराई मेरी सबसे प्यारी मंज़िल है...

17. मासूम

तेरी मासूम मुस्कान जब खिलती है,
जैसे भोर की पहली किरण धरती को चूम ले।
तेरी आँखों की सच्चाई में,
मोहब्बत का दरिया झलकता है।
तेरी मासूमियत की झलक,
जब मेरी पलकों से टकराती है,
दिल किसी नन्हे परिंदे सा,
तेरी बाहों में सुकून पाता है।
तेरी हँसी की कोमलता,
जब हवा में घुल जाती है,
लगता है जैसे फूलों की सरगम,
सारे मौसम महका रही हो।
तेरे लफ्ज़ों में सादगी है,
तेरी छुअन में नर्मी।
तेरी मोहब्बत बेजुबान सही,
पर इसकी गहराई अनमोल है।
ओ मेरी जान,
यूँ ही मासूम बने रहना,
तेरी इस सादगी में,
मेरा सारा जहाँ बसता है...

18. संगम

तेरी रूह का स्पर्श जब मेरी आत्मा से मिलता है,
जैसे दो नदियाँ बहकर संगम में समा जाती हैं।
ना कोई भेद रहता है, ना कोई किनारा,
बस एक लहर, एक प्रवाह, एक पवित्र धारा।
तेरे अधरों की मिठास,
जब मेरी साँसों में घुलती है,
एक नया संगीत जन्म लेता है,
जो दिल की गहराइयों में गूंजता है।
तेरी धड़कन का राग,
जब मेरे दिल की ताल से मिलता है,
हम एक लय में बहने लगते हैं,
समय और संसार से परे।
तेरे आलिंगन की ऊष्मा,
जब मेरे जिस्म को छूती है,
हर दूरी मिट जाती है,
और प्रेम शाश्वत हो जाता है।
ओ मेरी जान,
यूँ ही इस संगम में मुझे बहने देना,
तेरे और मेरे प्रेम का यह मिलन,
मेरी सबसे प्यारी तक़दीर है...

19. तक़दीर

अगर मेरी तक़दीर लिखी जाती,
तो बस तेरा नाम उसमें होता।
हर सफ़हे पर तेरी हँसी की महक,
हर लफ्ज़ में तेरे स्पर्श की गर्माहट।
तेरी आँखों की गहराई में,
मैंने अपनी क़िस्मत देखी है।
हर ख्वाब, हर आरज़ू,
बस तुझ तक ही पहुँचती है।
अगर रब ने मुझे चुनने दिया होता,
तो मैं हर जन्म में तुझे ही माँगता।
हर दुआ के बोल में,
तेरा नाम ही दोहराता।
तेरी बाहों की पनाह में,
मुझे अपनी मंज़िल मिल गई।
तू ही मेरा मुक़द्दर है,
तू ही मेरी तक़दीर बन गई।
ओ मेरी जान,
अगर तक़दीर ने हमें मिलाया है,
तो यह कहानी कभी ख़त्म नहीं होगी,
मोहब्बत की किताब यूँ ही लिखी जाती रहेगी...

20. होंठों की मिठास

तेरे होंठों की मिठास में,
शहद सा घुला एहसास है।
हर लफ्ज़ जो उनसे निकलता,
जैसे कोई मीठी प्यास है।
जब ये हल्के-से मुस्काते हैं,
फिज़ा भी गीत गाने लगती है।
तेरी हँसी की मधुर सरगम,
मेरी सांसों में बस जाने लगती है।
तेरे होंठों की कोमलता,
किसी गुलाब की पंखुड़ी जैसी।
जो छू ले इनका नर्म एहसास,
उसकी रूह तक महक उठे ऐसी।
जब ये धीरे-धीरे सिहरते हैं,
एक जादू सा बिखर जाता है।
तेरे होंठों की मिठास में,
मेरा दिल हर बार संवर जाता है।
ओ मेरी जान,
तेरे होंठों की ये मिठास,
मेरी दुनिया का सबसे हसीं लम्हा है,
जिसमें मोहब्बत का हर एहसास जिंदा है...

21. मेरी जान

मेरी जान, तू मेरी मोहब्बत का वह गीत है,
जो हर साँस के साथ धड़कता है।
तेरी हँसी जैसे सुबह की किरणें,
जो मेरे अस्तित्व को रोशन कर देती हैं।
तेरी आँखों की नमी में,
मैंने खुद को बहते हुए पाया है।
तेरे लफ्ज़ों की मिठास में,
जैसे मेरा हर ख्वाब समाया है।
तेरी बाहों की गर्माहट,
मुझे दुनिया से बेगाना कर देती है।
तेरी साँसों की सरगम,
मेरे वजूद को पूरा कर देती है।
मेरी जान, तेरी मोहब्बत मेरा सकून है,
तेरी रूह मेरी तक़दीर है।
अगर इश्क़ की कोई पहचान होती,
तो वह बस "तू" होती।
ओ मेरी जान,
यूँ ही मेरी धड़कनों में बसती रह,
तेरे बिना ये दिल अधूरा सा लगता है...

22. नशीली आँखें

तेरी नशीली आँखों का ये असर,
कि मैं खुद को खोने लगा हूँ।
हर पल, हर लम्हा,
इन गहराइयों में डूबने लगा हूँ।
जब तू निगाहें उठाती है,
जैसे रात का चाँद चमकने लगे।
तेरी पलकों की झपक में,
एक नया ख़्वाब महकने लगे।
इन आँखों में जो सुरूर है,
वो किसी शराब से कम नहीं।
एक बार जो इनसे टकरा जाए,
फिर खुद का होश भी रहता नहीं।
तेरी आँखों में बस एक बार,
जो कोई उतर जाए,
फिर उसे दुनियादारी से,
कोई फ़र्क़ नहीं पड़ता।
ओ मेरी जान,
यूँ ही अपनी नशीली आँखों से मुझे देखती रह,
मैं इस मदहोशी में,
सदा के लिए खो जाना चाहता हूँ...

23. ख़्वाब

रात की तन्हाई में जब आँखें बंद होती हैं,
तेरी यादें ख़्वाब बनकर मेरी रूह को छू जाती हैं।
तेरी हँसी की गूँज, तेरे लफ़्ज़ों की सरगम,
हर एहसास मेरा दामन भर जाती हैं।
तेरे बिना ये ख़्वाब अधूरे से लगते हैं,
जैसे चाँद बिना रात, जैसे समंदर बिना लहरें।
तेरी एक झलक की ख़्वाहिश लिए,
हर रात करवटें बदलते गुज़रती है।
ख़्वाबों में तेरा साथ इतना हसीन लगता है,
कि मैं हक़ीक़त से भी ज़्यादा इसे चाहने लगा हूँ।
तेरी उंगलियों की नरमी महसूस होती है,
तेरी साँसों की गर्मी मुझे जगाने लगी है।
काश ये ख़्वाब हक़ीक़त बन जाए,
और सुबह की किरणों में तेरा चेहरा निखर आए।
तेरे बिना ये रातें वीरान हैं,
मेरे सारे ख़्वाब तुझसे ही रोशन हैं।
ओ मेरी जान,
यूँ ही हर रात मेरे ख़्वाबों में आती रह,
तेरे बिना ये नींद भी मुझसे रूठ जाती है...

24. ख़्वाहिश

तेरी सांसों में घुल जाने की ख़्वाहिश,
तेरी बाहों में सिमट जाने की ख़्वाहिश।
तेरी रूह में खो जाने की आरज़ू,
तेरे दिल की धड़कन बन जाने की ख़्वाहिश।
तेरी आँखों में खुद को देखूं,
और उन गहराइयों में डूब जाऊँ।
तेरी पलकों की छाँव में रहूँ,
जहाँ मोहब्बत का साया कभी ना हटे।
तेरे अधरों की मुस्कान में,
अपनी ज़िन्दगी बसा लूँ।
तेरी बातों की मिठास में,
अपने हर दर्द को भुला दूँ।
तेरी रूह से मेरी रूह का संगम हो,
एक नाम, एक पहचान, एक जीवन हो।
जहाँ हर धड़कन तेरा नाम पुकारे,
जहाँ हर साँस तुझसे ही इबादत करे।
ओ मेरी जान,
ये ख़्वाहिशें सिर्फ ख़्वाहिशें ना रहें,
बस तेरा साथ मिले और ये पूरी हो जाएं...

25. क़ातिल ज़ुल्फ़ें

तेरी ज़ुल्फ़ें जब लहराती हैं,
हवा भी मदहोश हो जाती है।
सावन की घटाओं सी घनी,
जैसे रातें भी इनमें खो जाती हैं।
तेरी ज़ुल्फ़ों की वो शरारत,
जो मेरे दिल पर बिजली गिराती है।
एक झटके में होश उड़ा देती,
तेरी हर अदा क़ातिल बन जाती है।
जब इनको उँगलियों से सुलझाती हो,
कसम से, दिल और उलझ जाता है।
और जब ये चेहरे को छूकर गिरती हैं,
तो ज़िन्दगी का सब्र भी आज़माती हैं।
तेरी ज़ुल्फ़ों की घनी छाँव में,
मैं अपना आशियाना बना लूँ।
इनकी क़ैद में रहूँ उम्रभर,
और कभी आज़ाद ना होऊँ।
ओ मेरी जान,
अपनी इन क़ातिल ज़ुल्फ़ों को यूँ ही बिखरने देना,
मैं हर घड़ी इनमें उलझने को तैयार हूँ...

26. चुभन

तेरा इश्क़ एक नशा है,
जो हर साँस के साथ उतरता है।
तेरी यादें एक चुभन हैं,
जो हर लम्हे में टीस बनकर उभरता है।
तेरी आँखों की वो गहराई,
जिसमें मैंने खुद को डुबो दिया।
तेरी बातों की वो सच्चाई,
जिसने मेरी रूह तक को छू लिया।
तेरा स्पर्श, जैसे किसी शोले की आंच,
जो बदन को जलाती है, रूह को तड़पाती है।
तेरे बिना ये धड़कनें भी बेख़बर हैं,
हर एहसास में बस एक चुभन बाकी है।
तेरे जाने की आहट ने,
दिल के हर कोने को वीरान कर दिया।
अब हर खुशी अधूरी लगती है,
तेरी जुदाई ने मुझे बेनाम कर दिया।
ओ मेरी जान,
अगर इश्क़ की यही चुभन है,
तो मैं हर दर्द को सह लूँगा,
बस तेरा नाम मेरी रूह पर लिखने दो...

27. इशारा

तेरी निगाहों का एक इशारा,
दिल में तूफ़ान उठा देता है।
एक पल को ठहर जाती दुनिया,
और वक्त भी थम सा जाता है।
तेरी पलकें जब उठती हैं,
चाँदनी भी शरमा जाती है।
तेरी आँखों की वो नमी,
बारिश की बूँदें बन जाती है।
तेरी हल्की सी मुस्कान,
दिल की धड़कनें बढ़ा देती है।
तेरा होंठों को दबाना,
मुझे मेरी हदें भुला देती है।
तेरी ज़ुल्फ़ों की एक लट,
जब चेहरे पर गिरती है,
तेरे हाथों की वो हल्की हरकत,
जैसे कोई धड़कन लिखती है।
ओ मेरी जान,
यूँ ही निगाहों से इशारे करती रह,
तेरा एक इशारा काफी है,
मुझे तेरी मोहब्बत में डूबने के लिए...

28. होंठों

तेरे होंठों की वो नरमी,

जैसे सुबह की पहली किरण।

तेरी बातों की वो मिठास,

जैसे बरसात में घुली शबनम।

तेरी साँसों की वो हल्की सिहरन,

दिल की गहराइयों तक उतरती है।

तेरे लफ़्ज़ों की वो नर्म गर्मी,

रूह तक को बेकरार कर देती है।

ख़्वाहिश है तेरी बातों में खो जाने की,

तेरे लफ्ज़ों में सिमट जाने की।

तेरे होंठों की छुअन में,

हर ग़म को भुला देने की।

जब तू हल्के से मुस्कुराती है,

जैसे चाँदनी में गुलाब खिलता है।

तेरी हर एक फुसफुसाहट,

दिल में मोहब्बत का रंग भरता है।

ओ मेरी जान,

तेरे होंठों की ये ख़्वाहिश कभी ना थमे,

तेरी हर हल्की मुस्कान,

मुझे ज़िन्दगी का सुकून देती रहे...

29. शरहाने

तेरे शरहाने सर रखकर,
हर रात को ख़्वाब बना देना चाहता हूँ।
तेरी सांसों की गर्माहट में,
खुद को भूल जाना चाहता हूँ।
तेरी बाहों की नरम चादर में,
रात का हर लम्हा बिता दूँ।
तेरी धड़कनों की हल्की धुन पर,
अपनी हर बेचैनी सुला दूँ।
तेरी उंगलियों की हल्की छुअन,
जब मेरे बालों से खेलती है,
दिल के किसी कोने में,
एक मीठी सी हलचल चलती है।
चाँद भी जलता होगा ये देख कर,
कि मैं तुझमें खोकर सो जाता हूँ।
तेरी बाहों के इस शरहाने में,
अपनी दुनिया बसा जाता हूँ।
ओ मेरी जान,
हर रात बस इतना कर देना,
तेरी बाहों का शरहाना मिले,
और मैं हर दर्द भूल जाऊँ...

30. आँसू

तेरी यादों के बादल जब घिर आते हैं,
मेरी आँखों से बरसात बनकर बह जाते हैं।
हर बूँद में तेरा नाम घुला होता है,
हर आँसू में तेरी झलक दिखती है।
तू जो पास होता, तो ये सैलाब ना आता,
तेरी बाहों की छाँव में हर दर्द छुप जाता।
पर अब तन्हाई में ये अश्क ही साथी हैं,
जो हर रात मेरे तकिये को भिगो जाते हैं।
कभी सोचा था, प्यार सिर्फ मुस्कान देगा,
पर इसमें छुपे आँसू का एहसास तब हुआ,
जब दूर रहकर भी तेरा साया साथ रहा,
और नज़दीक होकर भी तेरा हाथ न मिला।
ये आँसू भी शायद मेरी मोहब्बत की जुबां हैं,
जो हर रोज़ तुझे पुकारते हैं,
तेरी जुदाई की ये कीमत है,
जो मेरी आँखों से बहते हैं।
ओ मेरी जान,
अगर इन आँसुओं से तुझे मेरी चाहत का यक़ीन हो,
तो हर बूँद को सँभाल लेना,
क्योंकि इनमें सिर्फ और सिर्फ तेरा नाम है...

31. यादें

तेरी यादें बारिश की बूँदों सी,
कभी हल्की, कभी तेज़ गिरती हैं।
हर बूंद में तेरा अक्स समाया,
जो दिल की गहराइयों में उतरती हैं।
कभी तेरी हँसी की मिठास,
कभी तेरी बातों की आवाज़।
कभी तेरी आँखों की चमक,
कभी तेरी खुशबू का एहसास।
ये यादें तन्हाई में गले लगाती हैं,
तेरी बाहों की गर्मी बन जाती हैं।
कभी हौले से मुस्कुरा देती हैं,
कभी आँखों से छलक जाती हैं।
रात के अंधेरों में तेरा चेहरा,
चाँद की तरह चमकता है।
मेरे तकिये से लिपटी तेरी याद,
हर रात मुझसे बातें करती है।
ओ मेरी जान,
अगर यादें ही तेरा सहारा हैं,
तो मैं इन्हीं में जी लूंगा,
बस तेरा नाम मेरे लबों पर रहता रहे...

32. बाल

तेरे बाल जब हवा से खेलते हैं,
तो मौसम भी मदहोश हो जाता है।
सावन की काली घटाओं की तरह,
हर लट दिल पर छा जाता है।
तेरी ज़ुल्फ़ों की वो नरमी,
जैसे रात की चाँदनी का एहसास।
इनमें उलझकर खो जाने को दिल करे,
जैसे कोई ख्वाब हो खास।
जब तुम उंगलियों से इन्हें सँवारती हो,
दिल की धड़कनें तेज़ हो जाती हैं।
हर लट के झुकने से पहले,
सांसें कहीं खो जाती हैं।
तेरे बालों की खुशबू में,
रात भी महकने लगती है।
इनकी छाँव में सिर रख दूँ,
तो ज़िन्दगी थमने लगती है।
ओ मेरी जान,
तेरी ज़ुल्फ़ों का हर गिरता साया,
मुझे अपने आगोश में ले ले,
और मैं हमेशा इनका क़ैदी बना रहूँ...

33. रातों की यादें

रातों की यादें अब भी जागती हैं,
तेरी बातों की हल्की आहट लाती हैं।
हवा में घुली तेरी खुशबू,
अब भी दिल को बहलाती हैं।
चाँदनी जब खिड़की से झाँकती है,
तेरा अक्स मेरी आँखों में बस जाता है।
सितारों की चुप्पी में तेरी हँसी सुनाई देती है,
हर लम्हा तेरा नाम दोहराता है।
वो देर रात की बातें,
वो अनकहे से एहसास।
तेरी धड़कनों की गूँज,
अब भी दिल के पास।
तकिए पर बिखरी तेरी यादें,
अब भी मेरे साथ सोती हैं।
हर करवट के साथ,
तेरी हल्की सी सरगोशी होती है।
ओ मेरी जान,
ये रातें, ये यादें, ये तन्हाइयाँ,
सब तेरा ही तो साया हैं,
जो हर पल मेरे संग रहता है...

34. तन्हाइयाँ

जब शाम ढलती है और चाँद निकलता है,
मेरे साथ सिर्फ तन्हाइयाँ चलती हैं।
तेरी यादों की परछाइयाँ,
हर कोने में धीरे से मचलती हैं।
तेरी हँसी की गूँज अब भी है,
पर दूर कहीं गुम सी लगती है।
तेरी बातों की वो नरमी,
सांसों में अब भी सुलगती है।
ये तन्हाइयाँ मुझसे लिपट जाती हैं,
तेरे बिना हर लम्हा डराती हैं।
हर आहट में बस तेरा नाम सुनाई देता है,
तेरी गैर-मौजूदगी भी मुझे तड़पाती है।
तकिए से लिपटी अधूरी कहानियाँ,
अब भी हर रात मुझसे बातें करती हैं।
तेरी जुदाई की ये सज़ा,
हर सुबह मेरी आँखों में थकान भरती है।
ओ मेरी जान,
अगर कभी मेरी तन्हाइयों में लौट आओ,
तो इन अश्कों को सुकून मिल जाएगा,
और ये रातें फिर से महक जाएँगी...

35. यादों का जादू

तेरी यादों का जादू ऐसा चला,
कि हर लम्हा तेरा अक्स बना।
बंद आँखों में तू ही दिखे,
ख़ामोश रातों में तू ही मिले।
हवा में घुली तेरी बातें,
अब भी दिल को सहलाती हैं।
तेरी हँसी की वो मासूम झलक,
हर तन्हा शाम बहलाती है।
तेरी खुशबू अब भी सांसों में है,
तेरी छुअन अब भी हवाओं में है।
तेरा नाम दिल की धड़कन में गूँजता है,
हर धड़कन तुझसे मोहब्बत में डूबता है।
तेरी यादों का ये जादू,
हर पल मुझ पर छा जाता है।
जिसे देखूँ, जिसमें खो जाऊँ,
हर जगह तेरा अक्स नज़र आता है।
ओ मेरी जान,
अगर ये जादू कभी टूट भी जाए,
तो भी मेरी रूह तेरा नाम गाएगी,
क्योंकि ये यादें ही अब मेरी दुनिया हैं...

36. गुलाबी आँखें

तेरी गुलाबी आँखें जब उठती हैं,
तो जैसे सुबह की पहली किरण खिलती है।
उनकी गहराई में जो उतर जाए,
वो मोहब्बत के दरिया में बहता ही जाता है।
ये आँखें हैं या मदहोश जाम,
जो हर नज़र में एक नयी आग जलाए।
जो एक बार इनका दीवाना हो जाए,
वो खुद को फिर कहीं और ना पाए।
तेरी आँखों की मासूमियत,
चाँदनी से भी ज्यादा कोमल लगती है।
उनकी झील सी गहराई में,
हर ख्वाहिश पूरी होती लगती है।
जब ये आँखें हौले से झपकती हैं,
तो दिल के तार कहीं खो जाते हैं।
और जब इनमें कोई शरारत उभरे,
तो मौसम भी अपने होश गँवा जाते हैं।
ओ मेरी जान,
तेरी गुलाबी आँखों का जादू,
यूँ ही बरकरार रहे,
और मैं हर जनम इनका आशिक बना रहूँ

37. होंठों का कपन

तेरे होंठों का हल्का सा कपन,
जैसे खामोशी में कोई साज़ बजा हो।
कभी तड़प, कभी सिहरन,
जैसे रात के साए में चाँद सजा हो।
जब लफ्ज़ अटके तेरी जुबां पर,
और सांसें तेज़ हो जाएँ।
तेरी धड़कनों की थरथराहट,
मुझ तक एक सिहरन पहुँचाए।
तेरे होंठों की काँपती लकीरें,
किसी अनकही दास्तां की पहचान हैं।
इनके हर हल्के से हिलने में,
एक अधूरी चाहत की जान है।
ओ मेरी जान,
तेरे होंठों का ये कपन,
हर ख्वाब को जगा देता है,
और हर एहसास को नया रंग दे जाता है...

38. आँखों का मिलना

जब पहली बार हमारी आँखें मिलीं,
तो जैसे वक़्त वहीं ठहर गया।
बिन कहे ही सब कह दिया,
दिल का हाल ज़ुबां पर आ गया।
तेरी निगाहों की वो नर्मी,
जैसे चाँदनी का हल्का स्पर्श।
हर झपक में एक नया अहसास,
हर नज़र में बसी एक नई प्यास।
जब हमारी आँखें टकराती हैं,
तो जैसे बिजली सी गिरती है।
दिल में छिपे अनकहे जज़्बात,
एक नयी कहानी लिखती है।
तेरी आँखों का ये समुंदर,
हर बार मुझे डुबो देता है।
और जब तू हल्का सा मुस्काए,
तो दिल मेरा खो देता है।
ओ मेरी जान,
अगर प्यार की कोई ज़ुबां होती,
तो वो बस आँखों की होती,
जहाँ हर एहसास बोलता है...

39. नज़रें और ख़याल

तेरी नज़रों का असर ऐसा,
हर ख़याल तेरा ही नाम ले।
जहाँ भी देखूँ, जो भी सोचूँ,
बस तेरा चेहरा सामने रहे।
तेरी एक झलक में जादू है,
जो दिल की हर धड़कन बदल दे।
तेरी आँखों की गहराई में,
हर ख़याल मेरा खो जाए, मचल दे।
जब तेरी नज़रों से नज़रें मिलती हैं,
तो जैसे कोई कहानी बन जाती है।
हर एहसास नया रंग लेता है,
हर चाहत और भी बढ़ जाती है।
तू पास हो या दूर कहीं,
तेरी नज़रें हमेशा साथ रहती हैं।
हर ख्वाब, हर सोच, हर एहसास में,
तेरी ही परछाई बहती हैं।
ओ मेरी जान,
तेरी नज़रों का ये ख़याल,
हर पल मेरे संग रहता है,
जैसे मेरी रूह का कोई हिस्सा हो...

40. रूह

इश्क़ जब रूह से गुज़रता है,
तो जिस्म की हदें मिट जाती हैं।
ना कोई दूरी, ना कोई किनारा,
सिर्फ मोहब्बत की बातें रह जाती हैं।
तेरी रूह मेरी रूह से मिल जाए,
तो ये दुनिया एक ख्वाब लगे।
हर धड़कन में तू, हर सांस में तू,
तेरे बिना सब अधूरा सा लगे।
ये जिस्म फना हो सकता है,
पर इश्क़ की रौशनी नहीं बुझती।
रूह का बंधन जो एक बार बन जाए,
तो सदियों तक मोहब्बत नहीं मिटती।
जब भी आँधियाँ चलीं,
हमारी रूहें फिर भी साथ रहीं।
जिस्मों ने चाहा हमें अलग करना,
मगर मोहब्बत की हदें अटूट रहीं।
ओ मेरी जान,
अगर कभी ये जिस्म छूट भी जाए,
तो मेरी रूह तुझे ढूँढेगी,
हर जनम, हर जहाँ, हर दुआ में...

41. दुआ

हर दुआ में तेरा नाम आता है,
जैसे मेरी रूह तुझसे बंधी हो।
हर सजदा तुझ तक पहुँचता है,
जैसे मोहब्बत रब से जुड़ी हो।
मैंने तुझसे कुछ माँगा नहीं,
बस तेरा साथ ही काफी था।
तेरी हँसी, तेरी साँसे,
हर लम्हा मेरा शफ़ाफ़ी था।
रातों को जागकर,
सितारों से तुझे माँग लिया।
हर गिरती दुआ में,
तेरा अक्स बस छू लिया।
अगर खुदा मुझसे पूछे,
क्या चाहिए इस ज़िंदगी से?
मैं बस तेरा नाम लूँगा,
हर जन्म, हर बंदगी से।
ओ मेरी जान,
तेरा प्यार ही मेरी दुआ है,
जो कभी नामंज़ूर नहीं होगी,
जो हमेशा मेरे साथ रहेगी...

42. सादगी

ना गहनों की ज़रूरत, ना शबाब की चमक,
तेरी सादगी ही तेरा हुस्न बयाँ कर जाती है।
तेरे चेहरे की मासूमियत में जो जादू है,
वो हर नज़र को ठहरना सिखा जाती है।
ना लाल लिपस्टिक, ना गहरे रंग,
बस तेरी हल्की मुस्कान ही काफ़ी है।
तेरी आँखों की सादगी में जो नूर है,
वो किसी जज़्बात से कम नहीं।
तेरा चलना भी जैसे कोई इबादत हो,
तेरा बोलना जैसे संगीत की कोई लय।
हर अदा में नज़ाकत छुपी है,
जैसे चाँदनी में भीगी हुई एक महक।
ओ मेरी जान,
तेरी सादगी ही सबसे बड़ी ख़ूबसूरती है,
जो दिल को जकड़ ले,
और रूह तक उतर जाए...

43. तेरी टी-शर्ट

तेरी टी-शर्ट अब भी मेरे पास है,
तेरी खुशबू में लिपटी हुई,
जिसे पहनते ही लगता है,
जैसे तू मुझसे लिपटी हुई।
उसकी नरम सिलवटों में,
तेरी बाहों का एहसास बसा है।
हर धागे में जज़्बात उलझे हैं,
जिनमें मेरा दिल फँसा है।
कभी इसका कॉलर छू लूँ,
तो लगता है तेरा हाथ थाम लिया।
और जब इसे सीने से लगाऊँ,
तो जैसे तुझे ही बाहों में समा लिया।
रातों में इसे पहनकर सोता हूँ,
ताकि तेरा एहसास पास रहे।
इसकी हल्की सी महक में,
तेरी हर याद का एहसास रहे।
ओ मेरी जान,
तेरी ये टी-शर्ट मेरे लिए,
बस एक कपड़ा नहीं,
बल्कि तेरी बाहों का साया है...

44. सपनों की ख़ुशबू

रात की ठंडी हवा में,
तेरी यादों की ख़ुशबू घुल जाती है।
सपनों के झरोखों से होकर,
तेरी आहट दिल तक चली आती है।
तेरी सांसों की महक समाई है,
मेरे हर ख़्वाब के रंग में।
हर रात एक नया अफसाना लिखती है,
तेरे और मेरे संग में।
कभी जूही की ख़ुशबू बनकर,
मेरे तकिए के पास महकती है।
कभी बारिश की सौंधी मिट्टी बनकर,
दिल की गहराइयों में चहकती है।
मैं सोते-सोते तुझे महसूस करता हूँ,
तेरी ख़ुशबू में खो जाता हूँ।
और जब आँख खुलती है,
तो तेरा एहसास मेरे चारों तरफ़ पाता हूँ।
ओ मेरी जान,
तेरी यादों की ये ख़ुशबू,
मेरे हर सपने में बहती रहे,
हर सुबह मेरी साँसों में बसती रहे...

45. होंठों की ख़ुशबू

तेरे होंठों की ख़ुशबू,
अब भी मेरी सांसों में घुली है।
जैसे किसी गुलाब की नरमी,
किसी भीगी रात में खिली है।
तेरी हर बात में मिठास है,
तेरे लफ्ज़ों में रूह का साज़ है।
जो एक बार तेरा नाम ले ले,
वो हर बार तुझसे प्यार कर जाए।
तेरे होंठ जब कुछ कहते हैं,
तो हवा भी उन्हें चूमने को मचलती है।
तेरी मुस्कान में जो महक है,
वो रातों को भी रौशन कर चलती है।
तेरी सांसों की गर्माहट,
जब मेरे चेहरे को छूती है।
तो लगता है जैसे बहारों की ख़ुशबू,
फिज़ाओं में घुलती है।
ओ मेरी जान,
तेरे होंठों की ये ख़ुशबू,
मेरी रूह तक समा गई है,
अब ये सांसें तुझ बिन अधूरी हैं...

46. सांसें

तेरी सांसें जब मेरे करीब आती हैं,
तो लगता है जैसे वक्त थम गया हो।
हर धड़कन में तेरा नाम गूँजता है,
जैसे कोई गीत जन्म गया हो।
तेरी सांसों की हल्की तपिश,
मेरी रूह तक को छू जाती है।
हर आहट में तेरा एहसास,
मुझे गहराइयों तक बहा ले जाती है।
जब भी पास आती हो,
हवा भी महकने लगती है।
तेरी सांसों की नरमी में,
हर शाम सजने लगती है।
अगर कभी ये सांसें थम जाएं,
तो भी तेरा नाम जिंदा रहेगा।
क्योंकि मेरे दिल की हर धड़कन,
सिर्फ तुझसे ही जुड़ा रहेगा।
ओ मेरी जान,
तेरी सांसें मेरी ज़िंदगी हैं,
जो हर लम्हा मुझे ज़िंदा रखती हैं,
जो हर पल मुझे तुझसे जोड़ती हैं...

47. सांसों का मिलन

जब तेरी सांसें मेरी सांसों से मिलती हैं,
तो जैसे दो समंदर एक हो जाते हैं।
एक लय, एक धड़कन, एक अहसास,
जिसमें हम खुद को खो जाते हैं।
तेरी हर सांस मेरी रूह को छूती है,
जैसे कोई ठंडी हवा सहला जाए।
तेरी नज़दीकियों की ये गर्माहट,
मेरे जिस्म से होकर दिल तक समा जाए।
हमारी सांसों की ये खामोश बातें,
रात की तन्हाइयों में गूंजती हैं।
तेरे लबों से निकली हर हल्की सरगम,
मेरे दिल की धड़कनों में धड़कती हैं।
जब भी पास आते हैं,
तो लफ्ज़ नहीं, सांसें बोलती हैं।
हमारे दरमियां एक जादू सा चलता है,
जहां सिर्फ मोहब्बत की गूँज होती है।
ओ मेरी जान,
तेरी सांसों का मिलन,
मेरी ज़िंदगी की सबसे हसीं धुन है,
जो हर पल मुझे तुझमें समाने को कहती है...

48. तेरी जवानी

तेरी जवानी जैसे मदहोश रात,
जिसमें चाँदनी भी शरमा जाए।
तेरी अदाएँ जैसे बहारों की लहर,
जो छूकर मुझे बहा ले जाए।
तेरे जिस्म की तपिश में,
एक आग सी सुलगती है।
तेरी छुअन की हल्की सरसराहट,
दिल की गहराइयों तक उतरती है।
तेरी कमर की लचक में,
सावन की घटाएँ झूमती हैं।
तेरे होंठों की नमी में,
सौ जाम की मिठास घुलती है।
जब तू पास से गुजरती है,
हवा भी ठहर जाती है।
तेरी जवानी की खुशबू से,
फिज़ा भी बहक जाती है।
ओ मेरी जान,
तेरी जवानी का हर एक लम्हा,
एक अधूरी ख्वाहिश को जगाता है,
तेरी आगोश में खुद को भुलाने का...

49. तेरी मिठास

तेरी बातें शहद से मीठी,
तेरी हँसी किसी ग़ज़ल की तान।
तेरी आँखों में बसी है वो मिठास,
जो कर दे हर दर्द को बेनाम।
तेरे होठों की कोमल सरसराहट,
जैसे कोई फूल खिला हो।
तेरी आवाज़ की मधुर धड़कन,
जैसे किसी ने गीत लिखा हो।
तेरी छुअन में रस घुला है,
तेरी सांसों में जादू बसा है।
जो भी तुझे छू ले एक बार,
उसका हर पल तुझमें फना है।
तेरी मिठास से भरी बातें,
दिल के हर कोने को सहलाती हैं।
तेरी मुस्कान की हल्की तपिश,
रूह तक रोशनी फैलाती है।
ओ मेरी जान,
तेरी मिठास मेरी दुनिया है,
जिसमें हर लम्हा मोहब्बत बरसती है,
जिसमें हर सांस बस तुझसे जुड़ती है...

50. रूहानी सपना

तेरी यादों का एक रूहानी सपना,
हर रात मेरी आँखों में पलता है।
तेरी मोहब्बत की नरम छाँव में,
मेरा दिल हर पल मचलता है।
चाँदनी जब ज़मीन पे उतरती है,
तेरी परछाई मेरे साथ चलती है।
हवा की हर ठंडी सरसराहट में,
तेरी सांसों की खुशबू मचलती है।
मैं हर रात तुझे महसूस करता हूँ,
अपने ख्वाबों के नरम दामन में।
तेरी छुअन का हल्का एहसास,
गूँजता है मेरी हर धड़कन में।
तेरी आँखों की वो जादूगरी,
मुझे किसी और दुनिया में ले जाती है।
जहाँ बस तेरा और मेरा प्यार है,
जहाँ बस मोहब्बत बरसती है।
ओ मेरी जान,
अगर ये सपना है तो ये कभी न टूटे,
क्योंकि इसमें मेरी रूह बसती है,
और इसमें ही मेरी दुनिया धड़कती है...

51. जज़्बाती रात

ये रात भीग रही है जज़्बातों में,
तेरी यादें घुल रही हैं मेरी सांसों में।
हर तारा जैसे कोई कहानी कहता है,
तेरे इश्क़ का गीत हवाओं में बहता है।
तेरी बातें गूंजती हैं खामोशियों में,
तेरी आहट बसी है इन रातों में।
चाँद भी देख रहा है मुस्कुराकर,
जैसे जानता हो हमारे जज़्बातों को पुकारकर।
तेरी साँसों की गर्मी का एहसास,
इस ठंडी रात को भी सुलगाने लगा।
तेरे लबों की हल्की सरसराहट,
मेरी रूह को छूकर जगाने लगा।
ये जज़्बाती रातें, ये मदहोश मौसम,
हर लम्हा तेरा साथ माँगता है।
तेरी मोहब्बत की छाँव में सिमटकर,
मेरा दिल सिर्फ तुझे चाहता है।
ओ मेरी जान,
ये रातें तुझसे बातें करती हैं,
तेरी मोहब्बत की गवाही देती हैं,
और हर लम्हा तेरा एहसास जीती हैं...

52. यादों का अकेला

जब रात का सन्नाटा गहराने लगता है,
तेरी यादों का कारवां दिल में उतर आता है।
मैं अकेला बैठा हूँ इस वीरान अंधेरे में,
तेरी बातें, तेरी हँसी, सब मेरे पास आता है।
हर कोना तेरा एहसास लिए खड़ा है,
हर लम्हा बस तुझे ही पुकारता है।
तेरे बिना ये दुनिया अधूरी लगती है,
जैसे कोई अधूरा ख्वाब आँखों में रहता है।
हवा भी आज तन्हा महसूस होती है,
चाँद भी उदास सा लगता है।
मेरी उदास आँखों में बसी है बस एक तस्वीर,
जिसमें तेरा प्यार अब भी जगता है।
ओ मेरी जान,
मैं इस यादों के समंदर में खोया हूँ,
तेरे प्यार की गर्मी को महसूस करता हूँ,
पर फिर भी... यादों में अकेला रोया हूँ...

53. अकेलापन

भीड़ में रहकर भी तन्हा हूँ,
अपने ही सायों में खोया हूँ।
हर आवाज़ बेगानी लगती है,
हर राह वीरान सी लगती है।
तेरे बिना ये शामें सुनसान हैं,
चाँद भी अधूरा सा नजर आता है।
हवा की सरसराहट भी खामोश है,
दिल का हर कोना उदास सा जाता है।
हर लफ्ज़ जो कभी तुझसे जुड़ा था,
अब मेरी तन्हाइयों में गूँजता है।
तेरी हँसी की गूंज जहाँ बसती थी,
अब वहाँ खामोशी बरसती है।
ओ मेरी जान,
तेरे बिना ये जिंदगी अधूरी लगती है,
जैसे दिल में कोई धड़कन ही नहीं,
जैसे रूह में कोई हलचल ही नहीं...

54. अधूरी

एक कहानी थी, जो पूरी न हो सकी,
एक ख्वाहिश थी, जो जुबां पर आ न सकी।
तेरे बिना ये सांसें भी अधूरी लगती हैं,
जैसे कोई धड़कन, जो बज ना सकी।
तेरी आँखों में जो सपना देखा था,
वो अधूरा ही रह गया किसी मोड़ पर।
तेरे प्यार की जो धूप मिली थी,
वो बिखर गई ठंडी छाँव बनकर।
चाँद भी अधूरा सा लगता है अब,
सितारे भी बुझते से नजर आते हैं।
हवा भी कोई शिकवा कहती है,
खामोश लम्हे मुझे आजमाते हैं।
ओ मेरी जान,
तेरी बाहों का वो सुकून अधूरा रह गया,
तेरे लबों की वो हँसी अधूरी रह गई,
तेरी मोहब्बत की दास्तां भी अधूरी रह गई...

55. दास्तान

हर पन्ना तेरी यादों से भरा है,
हर लफ्ज़ में तेरा नाम लिखा है।
मेरी मोहब्बत की ये दास्तान,
बस तुझसे शुरू होकर तुझ पर ही रुकी है।
तेरी आँखों की वो गहराई,
अब भी मेरे ख्वाबों में उतरती है।
तेरी आवाज़ की वो मिठास,
अब भी मेरी तन्हाइयों में गूँजती है।
चाँदनी रातें गवाह हैं हमारी मुलाकातों की,
हवा भी तेरी खुशबू का ज़िक्र करती है।
पर अफ़सोस इस कहानी का,
कोई अंजाम नहीं, कोई मंज़िल नहीं।
ओ मेरी जान,
ये इश्क़ की दास्तान अधूरी रह गई,
तेरे बिना ये मोहब्बत अधूरी रह गई,
जैसे अधूरे अल्फ़ाज़, जैसे टूटी बंदिशें...

56. अधूरी किताब

तेरी यादों से लिखी थी मैंने,
इश्क़ की एक किताब।
हर पन्ने पर तेरा नाम था,
हर लफ्ज़ में तेरा एहसास।
मगर किस्मत ने कुछ ऐसा किया,
कि कुछ सफ़हे अधूरे रह गए।
कुछ अल्फ़ाज़ बिखर कर खो गए,
कुछ ख्वाब अधूरे रह गए।
तेरी हँसी की मासूम लकीरें,
अब धुंधली लगती हैं इस कागज़ पर।
तेरी मोहब्बत की नरम छाँव,
अब खो गई है अंधेरे सफर पर।
चाहा था इस किताब को मुकम्मल करना,
तेरी बाहों के एक मोड़ तक लाना।
मगर वक़्त की आँधियों ने सब मिटा दिया,
इश्क़ की इस दास्तान को अधूरा बना दिया।
ओ मेरी जान,
अब ये किताब अधूरी ही सही,
पर हर सफ़हा तेरी यादों से महकेगा,
हर लफ्ज़ में तेरा नाम चमकेगा...

57. अधूरे जज़्बात

कुछ कहने की ख्वाहिश थी,
मगर लबों ने साथ न दिया।
दिल में जो आग सुलग रही थी,
वो आँखों में आकर बुझ गई।
तेरे करीब होकर भी,
हर एहसास अधूरा रह गया।
तेरी बाहों की गर्मी तो मिली,
पर वो सुकून अधूरा रह गया।
मोहब्बत की बारिश बरसी तो सही,
पर मेरे दिल की मिट्टी प्यासी ही रह गई।
तेरे इश्क़ की लौ जली तो सही,
पर वो रौशनी अधूरी ही रह गई।
ओ मेरी जान,
तेरे बिना ये दिल भी अधूरा सा है,
जैसे धड़कनें तो हैं, पर ज़िंदगी नहीं,
जैसे इश्क़ तो है, पर मुकम्मल नहीं...

58. ग़म

दिल के किसी कोने में एक दर्द छुपा है,
बिखरी हुई खामोशियों का कोई सिलसिला है।
हँसती आँखों के पीछे एक समुंदर है,
जिसमें बस आँसुओं का काफ़िला है।
तेरे बिना ये रास्ते सूने लगते हैं,
हवा भी जैसे उदास बहती है।
सूरज की रोशनी भी फीकी पड़ गई,
जबसे तेरी हँसी दूर हुई।
हर शाम ग़म की चादर ओढ़ लेती है,
हर रात तन्हाइयों से लिपटकर सो जाती है।
हर सुबह फिर वही दर्द दे जाती है,
तेरी यादों की ठंडी परछाइयाँ।
ओ मेरी जान,
तेरे बिना ये दुनिया अधूरी लगती है,
हर खुशी के पीछे एक उदासी रहती है,
जैसे कोई ग़म मेरी रूह से लिपटा रहता है...

59. यादें और शराब

रात की तन्हाइयों में,
जब तेरी यादें छलकती हैं,
शराब के जाम की तरह,
हर घूंट में तेरा एहसास घुलता है।
तेरी बातें मदहोश कर देती हैं,
तेरी हँसी का नशा अब भी बाकी है।
तेरी आँखों की वो गहराई,
शराब से भी ज्यादा तेज़ लगती है।
हर बोतल में तेरी तस्वीर झलकती है,
हर घूंट में तेरी आवाज़ गूँजती है।
इश्क़ का ये नशा कभी उतरता नहीं,
तेरी यादों की शराब कभी सूखती नहीं।
ओ मेरी जान,
अब शराब का सहारा लेकर जी रहे हैं,
तेरी यादों के नशे में घुल रहे हैं,
हर रात तेरा नाम लेकर बहक रहे हैं...

60. बहक

तेरी यादों का नशा ऐसा चढ़ा,

हर साँस में बस तेरा नाम बहकने लगा।

हवा भी तेरा एहसास लिए चलती है,

और मैं बेख़ुदी में तेरा पता पूछता हूँ।

तेरी हँसी की गूंज अब भी सुनाई देती है,

तेरी आँखों की मस्ती अब भी बहकाती है।

तेरे लबों की मिठास जो एक बार मिली,

वो हर घूंट से ज्यादा मदहोश कर जाती है।

रातें लंबी हो चली हैं,

सपने अब भी तेरा अक्स बनाते हैं।

जिन गलियों में तेरे कदम पड़े थे,

वो रास्ते अब भी मुझे भटकाते हैं।

ओ मेरी जान,

तेरे बिना ये दिल संभलता नहीं,

तेरी चाहत में ये इश्क़ बहकता ही जाता है,

जैसे कोई बेनाम नशा, जो कभी उतरता नहीं...

61. जुल्फ़ें संग बहकना

तेरी जुल्फ़ों की घटाएँ जब लहराती हैं,

हवा भी बहककर गीत गाती है।

तेरी हर लट जैसे कोई साज़ हो,

जिसकी धुन पर मेरा दिल मचल जाता है।

इन जुल्फ़ों की छाँव में खो जाना चाहता हूँ,

तेरे संग हर हद तक बहक जाना चाहता हूँ।

ये रातें, ये मौसम, ये हल्की फुहारें,

तेरी खुशबू से जैसे मदहोश हो जाते हैं।

तेरा हर लम्हा किसी नशे से कम नहीं,

तेरी छुअन में कोई जादू सा है।

तेरी बाहों की गर्मी में बंध जाऊँ,

तेरे इश्क़ में यूँ ही बहकता जाऊँ।

ओ मेरी जान,

तेरी जुल्फ़ों की लटों में उलझकर,

खुद को भूल जाना चाहता हूँ,

तेरे संग इस बेख़ुदी में,

हर लम्हा बस बहक जाना चाहता हूँ...

62. मांशी

तेरा नाम जैसे कोई मीठी धुन,
हर सांस में बसता, हर धड़कन में गूँजता।
तेरी हँसी जैसे कोई जादू भरी रात,
जिसमें चाँदनी भी जल उठे शर्माकर।
तेरी आँखों में डूबी गहराइयाँ,
जैसे किसी सपने की अधूरी ख्वाहिश।
तेरी बातों में बहते जज़्बात,
जैसे बारिश में भीगी कोई कविता।
मैं तुझमें खो जाऊँ तो खुद को पाऊँ,
तेरी बाहों की छाँव में नींद आ जाए।
तेरी रूह से लिपटकर महसूस करूँ,
कि इश्क़ अब भी जिंदा है, धड़कता है।
ओ मांशी,
तेरा नाम भी एक नशा है,
जिसे पुकारूँ तो दुनिया थम जाए,
तेरी यादों में बहूँ तो हर ग़म बह जाए...

63. तेरी रूह का एहसास

जब भी तेरी साँसों की खुशबू आती है,
दिल की धड़कनें बेकाबू हो जाती हैं।
तेरे बिना भी, तेरा एहसास रहता है,
जैसे हवा में बसी कोई भीनी महक।
तेरी रूह का हर स्पर्श,
मेरी आत्मा तक उतर जाता है।
तेरी आँखों की गहराइयों में,
मुझे खुद का वजूद नज़र आता है।
तेरे बिना भी मैं अधूरा नहीं लगता,
क्योंकि तू मेरे हर हिस्से में है।
तेरी छाया, तेरी परछाई,
हर पल मेरे साथ चलती है।
ओ मेरी जान,
तेरी रूह का एहसास मेरी साँसों में है,
तेरी मोहब्बत मेरे लफ्ज़ों में है,
तू कहीं भी रहे, मुझमें हमेशा रहे...

64. तेरी साँसों की खुशबू

तेरी साँसों की खुशबू जब छूती है मुझे,
जैसे हवा कोई रूहानी गीत गा रही हो।
तेरे लफ़्ज़ों की नरमी जब बरसती है मुझ पर,
जैसे चाँदनी मेरी रगों में घुल रही हो।
हर सांस में तेरा एहसास बहता है,
जैसे गुलाब की पंखुड़ियों में भीनी महक।
तेरा हर लफ्ज़ कोई जादू सा लगता है,
जिसमें मैं हर रोज़ खो जाना चाहता हूँ।
रात की नमी में भी तेरा स्पर्श है,
हवा की लहरों में भी तेरा नाम है।
तेरी साँसों की खुशबू में लिपटकर,
मैं खुद को भूल जाना चाहता हूँ।
ओ मेरी जान,
तेरे एहसास की ये ख़ुशबू नशा बन गई है,
जिसमें हर पल डूबता जा रहा हूँ,
तेरी बाहों में बस एक बार,
मैं पूरी तरह बह जाना चाहता हूँ...

65. तेरी मुस्कानियाँ

तेरी मुस्कानियाँ जब बिखरती हैं,
जैसे गुलाबों पर ओस की बूंदें गिरती हैं।
हर लफ़्ज़ में, हर अहसास में,
तेरी हँसी की मिठास घुलती है।
जब तू होंठों से कोई बात कहती है,
फिज़ाओं में जैसे सुर बहकते हैं।
तेरी हँसी का जादू ऐसा चलता है,
कि धड़कनें मेरी बेकाबू हो जाती हैं।
हर बार जब तू नजरों से मुस्काती है,
जैसे चाँदनी रातों को सँवारती है।
तेरी हँसी में जो जादू छुपा है,
वो मेरी रूह तक उतर जाता है।
ओ मेरी जान,
तेरी मुस्कानियों की ये मासूमियत,
मुझे हर लम्हा तुझसे और जोड़ती है।
इस हँसी की खुशबू में खोकर,
मैं ताउम्र तेरा होने को तरसता हूँ...

66. तेरी बरसात में भीगना

तेरी यादों की बारिश जब बरसती है,
मेरी रूह तक भीग जाती है।
हर बूँद में तेरा एहसास घुला होता है,
जैसे तू मुझमें समा गई हो।
तेरी बाहों की नरम तपिश,
बूँदों की हल्की सरसराहट सी लगती है।
तेरी आवाज़ की वो मिठास,
मुझे सावन की रिमझिम याद दिलाती है।
जब तू मेरे करीब होती है,
तो हवा भी गुनगुना उठती है।
तेरी बरसात में भीगकर,
मैं खुद को तेरा बना देता हूँ।
ओ मेरी जान,
इन बूंदों में तेरा प्यार बसता है,
तेरी हर छुअन में एक सिहरन सी होती है।
तेरी बरसात में भीगकर,
मैं खुद को भूल जाना चाहता हूँ...

67. तेरी कमर

तेरी कमर की ये नरमी, ये लचक,

जैसे चाँद की किरण कोई पानी पे चमक।

जब मेरी बाहों में सिमटती है तू,

दुनिया थम जाती, धड़कनें मचल उठें।

तेरी कमर का वो मदहोश घेरा,

जैसे हवा में बहता कोई नशा गहरा।

तेरी चाल की वो मद्धम रवानी,

दिल को लूटती, जैसे कोई कहानी।

तेरी कमर का हर इक बल,

जैसे सावन की लहरों का हलचल।

जब तू पास आती, ये दिल फिसलता,

तेरी छुअन का नशा फिर से मचलता।

ओ मेरी जान,

तेरी कमर की ये जादूगरी,

मेरी सांसों में घुलती रहे हर पहर।

तेरे आगोश में ठहर जाऊं,

और बस तेरा ही हो जाऊं...

68. पसाही निगाहें

तेरी निगाहों का जादू,
मुझे हर बार क़ैद कर लेता है।
उन गहराइयों में डूबता हूँ,
जहाँ बस तेरा ही अक्स रहता है।
तेरी नज़र की वो सिहरन,
दिल की हर धड़कन को छू जाती है।
एक बार जो तू देख ले प्यार से,
तो ये दुनिया भी फीकी पड़ जाती है।
तेरी निगाहों में जो शोख़ी है,
वो चाँदनी रात से कम नहीं।
जब तू नजरें झुका देती है,
तो सुबह की लाली भी शरमा जाती है।
ओ मेरी जान,
तेरी निगाहों की ये गहराई,
मुझे हर रोज़ डुबोती है।
एक बार जो तू तक ले प्यार से,
तो मेरी रूह भी महक उठती है...

69. बहकी नज़रे

तेरी नज़रों का ये बहकना,
दिल में मीठी हलचल सा लगता है।
हर झुकी पलक के पीछे,
एक नया ख्वाब चमकता है।
तेरी नज़रों का ये शरारती खेल,
जैसे मदहोश हवा कोई गीत गा रही हो।
कभी ठहर जाए, कभी भटक जाए,
जैसे बारिश की बूंदें होंठ छू रही हो।
जब तेरी नजरें मुझसे मिलती हैं,
एक लहर सी उठती है दिल में।
जैसे समुंदर की गहराइयों में,
कोई तूफान सोया हुआ था पहले से।
ओ मेरी जान,
तेरी बहकी नज़रों में जो नशा है,
वो हर बार मुझ पर उतर आता है।
इन नज़रों की ख़ुमारी में खोकर,
मैं खुद को तेरा बना लेता हूँ...

70. नज़रों की ख़ुमारी

तेरी नज़रों की ख़ुमारी में,
मैं ख़ुद को हर बार खो देता हूँ।
हर बार जब तू देखती है मुझे,
जैसे वक़्त थम सा जाता है।
तेरी आँखों में जो नशा है,
वो किसी शराब से कम नहीं।
एक बार जो पी ली तेरी नज़रें,
तो फिर होश में आने की चाहत भी नहीं।
तेरी पलकें जब हल्के से झुकती हैं,
जैसे चाँद बादलों में छिप जाता हो।
और जब तू नज़र भर देखती है,
तो लगता है जैसे कायनात थम जाती हो।
ओ मेरी जान,
तेरी नज़रों का ये जादू,
हर बार दिल पर असर करता है।
इन आँखों की गहराई में डूबकर,
मैं बस तेरा ही हो जाता हूँ...

71. बेवफ़ा

तू मेरी धड़कनों में थी,
पर शायद मैंने तुझे गलत समझ लिया।
तेरी हर हंसी में प्यार देखा,
पर तूने उसे मज़ाक बना दिया।
मैंने चाँद समझा तुझे,
पर तू तो एक गुज़रता साया निकली।
तेरी बातों में था जो मिठास,
वो बस एक छलावा निकली।
बेवफ़ा थी, पर फिर भी तुझसे मोहब्बत रही,
तेरी यादें आज भी इस दिल में कैद हैं।
मैं तुझे भूलना चाहता हूँ,
पर तेरा नाम साँसों में बस गया है।
ओ बेवफ़ा,
तेरी जफ़ाओं का कोई शिकवा नहीं,
बस खुद से गिला है कि तुझसे प्यार क्यों किया...

72. आख़िरी नज़र

जब तूने मुझे आख़िरी बार देखा,
वो नज़र अब भी दिल में क़ैद है।
न जाने उसमें मोहब्बत थी या जुदाई,
बस एक अनकही दास्तान बसी थी।
तेरी आँखों में वो चुप्पी,
जो मेरे हर सवाल का जवाब थी।
एक पल के लिए ठहर गई थी दुनिया,
जैसे सब कुछ खत्म हो गया था वहीं।
न कोई अल्फ़ाज़, न कोई वादा,
बस निगाहों का एक टूटा रिश्ता।
मैंने चाहा रोक लूँ तुझे,
पर तेरी आँखों में था एक फैसला।
ओ मेरी जान,
तेरी आख़िरी नज़र ने वो दर्द दिया,
जिसका कोई इलाज नहीं।
अब बस उसी नज़र की यादों में,
मैं हर रोज़ मरता और जीता हूँ...

73. नज़र की यादें

तेरी नज़रों की यादें,
अब भी इस दिल में जिंदा हैं।
हर बार जब आँखें बंद करता हूँ,
तेरी वही पुरानी झलक सामने आ जाती है।
वो पहली नज़र की सिहरन,
जिसने मेरी रूह तक को छू लिया था।
और वो आख़िरी नज़र का सन्नाटा,
जिसने मेरी दुनिया को वीरान कर दिया था।
तेरी निगाहों में जो मोहब्बत थी,
वो सच थी या सिर्फ़ एक छलावा?
कभी वो मुझमें डूबी लगती थीं,
तो कभी अजनबी सा एहसास कराती थीं।
ओ मेरी जान,
तेरी नज़रें अब भी पीछा करती हैं,
उनका जादू अब भी चलता है।
चाहे तू दूर हो या पास,
तेरी नज़र की यादें दिल में धड़कती हैं...

74. एहसास

तेरा नाम लूँ तो साँसें महकने लगती हैं,

तेरी याद आए तो धड़कनें बहकने लगती हैं।

हर छुअन का एहसास अब भी जिंदा है,

जैसे तू अब भी मुझमें कहीं बाकी है।

तेरी बातों की मिठास,

अब भी होठों पर मुस्कान बनकर ठहर जाती है।

तेरे हाथों की गरमाहट,

अब भी मेरी रूह को सुकून दे जाती है।

कभी तेरी हँसी हवा में घुली लगती है,

कभी तेरी खुशबू बारिश में भीगी लगती है।

मैं जहाँ भी जाऊँ, जिस मोड़ पर भी खड़ा रहूँ,

तेरा एहसास मेरे साथ चलता है।

ओ मेरी जान,

तेरा प्यार एक अहसास बनकर,

हर पल मेरी रगों में बहता है।

चाहे तू पास हो या दूर,

मेरा हर लम्हा तुझमें ही सिमटा रहता है...

75. साँसें महकने

तेरी साँसों की खुशबू,
अब भी मेरी रगों में बसी हुई है।
जब भी मैं गहरी साँस लेता हूँ,
तुझे महसूस करता हूँ, जैसे तू पास हो।
तेरी हर सांस में वो नशा था,
जो अब भी मेरी यादों में खो जाता है।
वो पल, जब तू पास थी और सांसों का मिलना,
वो महक जो हवा में तैर रही थी,
अब तक मेरे दिल में बसी हुई है।
तेरी साँसों का हल्का सा एहसास,
मेरे भीतर एक आग सा लगाता है।
जैसे तेरी धड़कनें अब भी मेरे साथ चल रही हों,
मेरे सीने में बसी तू, हर पल महसूस हो रही हो।
ओ मेरी जान,
तेरी साँसों की महक अब भी हर लम्हे में गूंजती है,
कभी तू पास हो या दूर,
मेरे दिल में तेरी साँसों का प्यार हमेशा महकता रहता है...

76. हर लम्हे

हर लम्हा, जब तुम पास होते हो,
मुझे लगता है जैसे वक़्त थम गया हो।
तुम्हारी मुस्कान की किरन,
मेरे दिल को हर दर्द से मुक्त कर देती है।
हर लम्हे में तुम्हारी यादों का जादू है,
जो हर सास में बसी हुई हैं।
तुमसे बिछड़कर भी तुम्हारा प्यार,
मेरे हर पल में महकता है।
तेरी आँखों की गहराई,
अब भी मेरी नज़रों के सामने है।
हर लम्हा, जब हम साथ होते हैं,
वो क्षण, जैसे हमेशा के लिए ठहर जाए।
ओ मेरी जान,
तुम्हारी मौजूदगी में हर लम्हा खास होता है,
चाहे हम पास हो या दूर,
हर लम्हा तुम्हारे बिना अधूरा सा लगता है...

77. तुम्हारे बिना अधूरा

तुम्हारे बिना सब कुछ अधूरा लगता है,
जैसे राग बिना संगीत का,
या जैसे धूप बिना चाँदनी की रात।
तुम्हारे बिना, मेरी दुनिया वीरान सी लगती है,
मेरे हर कदम में तुम्हारी कमी महसूस होती है।
तुमसे जुदा होकर जो खालीपन आया है,
वो एक सन्नाटा है, जो दिल में गूंजता है।
तुम्हारे बिना, जैसे हर ख्वाब अधूरा है,
हर सपने का रंग फीका सा लगता है।
तुमसे बिछड़कर, कुछ भी पूरा नहीं लगता,
मेरे दिल की गहराई में बस एक सवाल है–
क्या तुम बिना अधूरे हो, या मैं तुम्हारे बिना अधूरा हूँ?
ओ मेरी जान,
तुम्हारे बिना मेरी धड़कनें रुकी सी हैं,
तुम्हारी हर हँसी, हर कदम मेरे साथ था,
अब बिना तुम्हारे, ये सब कुछ बस अधूरा सा लगता है...

78. तुम आँखों की मोती

तुम आँखों की मोती हो,

जिन्हें देखे बिना मेरी दुनिया अंधेरी है।

तुम्हारी एक झलक ही,

मेरे दिल को रोशन कर देती है।

तुम्हारी आँखों की गहराई में,

मैं खुद को खोने का एहसास करता हूँ।

उनमें जो चमक है,

वो मेरे सपनों का सच बन जाती है।

तुम्हारी नज़रों में जो प्यार है,

वो मेरे हर दर्द को दूर कर देता है।

तुम्हारी आँखों की बातों को,

मैं बिना कहे समझ जाता हूँ।

ओ मेरी जान,

तुम आँखों की मोती हो,

जो हर पल मेरी आँखों में समाई रहती हो।

तुम्हारे बिना मेरी आँखें खोली सी हैं,

तुम्हारी नज़रों में ही तो मेरा प्यार बसा है...

79. प्यास की मोहताज़

मैं प्यास की मोहताज़ हूँ,
तुम्हारी आँखों के प्यालों के बिना।
हर बूँद तुम्हारी, मेरे अस्तित्व की जरूरत है,
तुम्हारे बिना मैं सूखा सा हूँ, अधूरा सा हूँ।
तुमसे मिलने की ललक,
मेरी आत्मा की प्यास को बढ़ा देती है।
जैसे सूखी धरती को बारिश की दरकार होती है,
वैसे मुझे तुम्हारी मोहब्बत की तलाश रहती है।
तुम्हारे बिना, मेरे होठ जलते हैं,
मेरी धड़कनें तुम्हारी तलाश करती हैं।
तुम्हारी एक नज़र ही,
मेरे अंदर का खालीपन भर देती है।
ओ मेरी जान,
तुम हो मेरी प्यास की राहत,
तुमसे ही जीवन की वो नमी है,
जो हर दर्द और तन्हाई को बुझा देती है...

80. शर्मीली आँखें

तुम्हारी शर्मीली आँखें,
जैसे नन्हीं-सी कोमल बूँदें हों।
वो ज़िंदगी की मोहब्बत की पहली ख्वाहिश,
जो बिना कहे दिल की गहराई को बयान करती हैं।
जब तुम मुझे देखती हो तो,
तुम्हारी आँखों में एक आंसू सा झलकता है,
जो लाखों ख्वाबों से ज्यादा गहरी बात कहता है,
तुम्हारी आँखों में वो चुप्पी छुपी होती है,
जो मैं समझने की कोशिश करता हूँ।
तुम्हारी वो नज़रे,
जिन्हें झुकाकर तुम अक्सर बेमन से देखती हो,
वो एक जादू करती हैं,
जैसे दिल को छू कर अनकहे शब्द कहती हैं।
ओ मेरी जान,
तुम्हारी शर्मीली आँखों का वो नज़ारा,
मेरे दिल को बहुत कुछ समझाता है,
चाहे तुम कहो या न कहो,
तुम्हारी आँखों से मैं सब कुछ पढ़ सकता हूँ...

81. मौसम की नज़र

तुम्हारी नज़र, जैसे मौसम का रंग बदलना,
जब तुम देखती हो, हवा भी ठहर जाती है।
वो चुप सी नज़ारें, जैसे बादल घेर लें,
और सूरज भी अपनी रोशनी खोने लगे।
तुम्हारी आँखों में, मौसम की एक नज़र है,
जैसे सर्दी में गर्मी की तलाश हो,
गर्मी में एक ठंडी छांव की ख्वाहिश हो,
तुम्हारी नज़रों से बहती हवाएँ,
मेरे दिल को ठंडक देती हैं।
तुम्हारी उस नज़र का असर,
मेरे दिल पर गहरी बारिश की तरह है,
जो मुझे सुकून देती है,
जैसे सूखी धरती को पहली बारिश का अहसास हो।
ओ मेरी जान,
तुम्हारी आँखों की नज़र एक मौसम है,
जो दिल की हर घड़ी को बदल देता है,
तुमसे मिलकर, हर मौसम बस अपना सा लगता है,
तुम हो मेरी ज़िन्दगी का सबसे खूबसूरत मौसम...

82. अधूरी ख़्वाहिश

दिल में एक अधूरी ख़्वाहिश है,
जो हमेशा मेरे साथ रहती है।
वो ख्वाब जो तुम्हारे साथ जीने का है,
लेकिन फिर भी अधूरा सा लगता है।
तुम्हारे बिना, वो ख्वाहिश पूरी नहीं होती,
जो मैंने अपनी आँखों में बसी थी।
तेरी मुस्कान की हर एक झलक,
मेरे दिल में एक और ख्वाब बुनती है।
अधूरी ख़्वाहिशों की तलाश में,
हर दिन, हर पल जीते हैं हम।
जब तक तुम पास न आओ,
मेरे ख्वाब अधूरे रह जाते हैं।
ओ मेरी जान,
मेरे दिल की ये अधूरी ख़्वाहिश,
तुमसे ही पूरी हो सकती है।
तुम्हारे बिना सब कुछ अधूरा है,
तुम हो मेरी हर अधूरी ख़्वाहिश का अंत...

83. मेरी पहली जवानी

मेरी पहली जवानी, एक ख्वाब जैसा था,
जो तुम्हारे करीब आकर साकार हुआ था।
तुम्हारी नज़रों में वो शरारत,
जैसे समय थम गया हो, सब कुछ रुक गया हो।
तुम्हारे साथ बिताए पल,
मेरी जवानी का सबसे हसीन हिस्सा बन गए,
तुम्हारे साथ ही तो,
मेरे दिल ने पहली बार प्यार की तासीर पाई थी।
जब तुम मुस्कुराते थे,
मेरी धड़कनें बढ़ जाती थीं,
तुम्हारी वो मासूमियत,
मेरे दिल की गहराई को छू जाती थी।
मेरी जवानी, अब तुमसे जुड़ी एक याद बन चुकी है,
तुम्हारी बाहों में लिपटी वो चाहत,
जो जीवन भर मुझमें बस गई है।
ओ मेरी जान,
तुम हो मेरी पहली जवानी का अहसास,
तुमसे ही तो प्यार की असली पहचान हुई,
तुम्हारे बिना मेरी जवानी अधूरी सी लगती है...

84. तेरी मंद मंद मुस्कान

तेरी मंद मंद मुस्कान,
जैसे चाँदनी की हल्की सी रौशनी,
जो रात की खामोशी में भी,
एक नई उम्मीद जगा देती है।
वो मुस्कान, जो तेरे होठों पर कभी रुकती नहीं,
लेकिन जब रुकती है, तो दिल को बेहद छू जाती है।
तेरी उस मासूमियत में बसी हर एक खुशी,
मेरे दिल के अंदर गहरी याद बन जाती है।
तेरी मंद मंद मुस्कान की लहरों में,
मैं खुद को खो बैठता हूँ,
वो प्यारी सी चुप्पी,
जो कभी न खत्म होने वाली कहानी बन जाती है।
ओ मेरी जान,
तेरी मुस्कान में बसी वो सुकून की राह,
मेरे लिए एक अदृश्य पुल बन जाती है।
तुम्हारी मुस्कान, मेरी सबसे खूबसूरत यादों में,
हमेशा दिल में बसी रहती है...

85. तेरी काजल

तेरी काजल की लकीरें,

जैसे रात की गहराई में,

सितारों की रोशनी का इशारा,

जो हर नज़र को अपनी ओर खींच लाती है।

जब तुम आँखों में काजल लगाती हो,

तुम्हारी नज़रों में एक गहरा रहस्य बसा होता है,

एक खामोशी, जो दिल के भीतर गूंजती है,

और मैं उसकी ध्वनि सुनने के लिए खुद को खो देता हूँ।

तेरी काजल से सजी आँखें,

मुझे एक और दुनिया का एहसास कराती हैं,

वो दुनिया जहाँ सिर्फ तुम और मैं हो,

और जहाँ कोई और नहीं।

ओ मेरी जान,

तेरी काजल की हर लकीर,

मेरे दिल के रास्ते पर एक निशान है,

तुमसे जुड़ा हुआ,

तुम्हारी आँखों में बसी हर एक धड़कन के साथ...

86. तुम्हारी मेहंदी

तुम्हारी मेहंदी की खुशबू,
जैसे नाज़ुक फूलों की महक हो,
जो हर आहट में बसी रहती है,
हर साँस में महसूस होती है।
तेरे हाथों में वो रंगीन लकीरें,
जैसे हमारी मोहब्बत की कहानी हो,
जिसे वक्त ने लिखा है,
हर वक़्त में सजीव होती है।
मेहंदी की खुशबू में बसी,
तेरी हर हँसी, हर ज़ुल्फ की झुकी छाँव,
मुझे ये अहसास कराती है कि
तुम हो मेरी पूरी दुनिया का पहला रंग।
तेरे हाथों की मेहंदी,
जैसे मेरे दिल पर छाप छोड़ जाए,
जिसे समय कभी मेटा नहीं सकता,
वो रंग, वो खुशबू, सदियों तक रहती है।
ओ मेरी जान,
तेरी मेहंदी का हर रंग,
मेरे लिए एक चिरकालिक निशान है,
तुमसे जुड़ा हर अहसास,
मेरे दिल में हमेशा महकता रहेगा...

87. तुम्हारे रेशमी होंठ

तुम्हारे रेशमी होंठ, जैसे गुलाब की पंखुड़ियाँ,
जो हवा के हल्के झोंकों से भी थरथराते हैं।
उनकी हर मुस्कान में,
एक मीठी सी ताजगी छुपी होती है,
जो मेरे दिल को अपनी ओर खींच लेती है।
जब तुम बोलती हो,
तो शब्दों में भी मिठास का एहसास होता है,
और जब तुम चुप रहती हो,
तुम्हारे होंठों की नमी में,
एक रहस्य बसी रहती है,
जो मेरे दिल को पागल कर देती है।
तुम्हारे रेशमी होंठों की वो लाली,
जो रात की चाँदनी को भी मात दे देती है,
वो हल्की सी मुस्कान,
जो मेरे दिन की शुरुआत बन जाती है।
ओ मेरी जान,
तुम्हारे होंठों का वो जादू,
जो एक नज़र से मेरे दिल में बस जाता है,
तुमसे जुड़ा हर एहसास,
मेरे भीतर एक अद्भुत रंग भर देता है...

88. तुम्हारी प्यास सी जवानी

तुम्हारी प्यास सी जवानी,

जैसे बर्फीली हवाओं में,

कोई तपती धूप की चाहत हो,

जो सर्द रातों में भी मुझे जलाती है।

तेरी आँखों में वो जलती हुई तृष्णा,

जो हर पल मुझसे कुछ माँगती है,

तुम्हारी जवानी में बसी वो चुप्प,

जो कभी नहीं कहती, फिर भी सब कुछ कह जाती है।

तुम्हारी प्यास सी जवानी,

जो कभी पूरी नहीं होती,

वो हमेशा और अधिक की तलाश में रहती है,

जैसे तृष्णा की एक अनकही कहानी हो।

तेरे होंठों पर एक अधूरी ख्वाहिश,

जो हर पल नये रंगों में खिलती है,

वो तुम्हारी जवानी की प्यास,

जो मेरी बाहों में खुद को पूरी करती है।

ओ मेरी जान,

तुम्हारी प्यास सी जवानी,

मेरे दिल में एक अजीब सा खुमार है,

तुमसे जुड़ी वो तृप्ति,

मेरे जीवन की सबसे बड़ी चाहत है...

89. तृप्ति

तृप्ति वह एहसास है,
जो दिल के भीतर बसी होती है,
यह वह सुख है जो अधूरी इच्छाओं के बाद,
पूर्णता की एक हल्की सी रेखा बनाती है।
तुम्हारी आँखों में बसी तृप्ति,
एक शांत नदी की तरह है,
जो दिल की गहराइयों में बहती है,
और हर लहर में मेरी आत्मा को शांति देती है।
जब तुम्हारी मोहब्बत से भर जाता है दिल,
तब कोई और चाहत नहीं रहती,
तृप्ति वह पल है जब कोई और ख्वाहिश,
सिर्फ तुम्हारी मौजूदगी में सिमट जाती है।
तुमसे जुड़ी वह तृप्ति,
जो हर धड़कन में महसूस होती है,
वह एक अनकहा गीत है,
जो मेरे हृदय की आवाज़ बन जाती है।
ओ मेरी जान,
तुम्हारी मोहब्बत ही मेरी तृप्ति है,
तुमसे बेमिशाल जुड़ाव,
मुझे हर पल संतुष्टि का एहसास कराता है...

90. बेमिशाल जुड़ाव

तुमसे मेरा बेमिशाल जुड़ाव,
जैसे दो आत्माएँ एक दूसरे में समाई हों,
एक अदृश्य धागे से बंधी,
जो समय और दूरी को भी न समझे।
तुम्हारी हँसी की गूंज मेरे भीतर समाई,
तुम्हारी आँखों की चमक मेरे दिल में बसी,
हर पल, हर धड़कन,
तुमसे जुड़ी हुई, इस बेमिशाल प्रेम में।
हमारे बीच की नज़दीकी,
कभी शब्दों में नहीं पाई जा सकती,
यह एक ऐसा बंधन है,
जो केवल दिल से समझा जा सकता है।
तुमसे बेमिशाल जुड़ाव,
एक अनकहे एहसास की तरह है,
जो हमेशा मेरे साथ है,
जैसे हर लम्हा तुम्हारे बिना अधूरा सा हो।
ओ मेरी जान,
तुमसे जुड़ाव, एक गहरी अजनबी नदी की तरह है,
जो निरंतर बहती रहती है,
और हर पल मेरे दिल में प्यार का समंदर भर देती है...

91. होंठों की मुस्कान

तुम्हारे होंठों की मुस्कान,
जैसे सुबह की पहली किरण,
जो रात की सियाही को दूर कर देती है,
और दिल में एक नई रोशनी भर देती है।
जब तुम मुस्कुराती हो,
तो जैसे सारा जहाँ रुक जाता है,
तुम्हारे होंठों की वो मीठी सी हँसी,
मेरे दिल की हर धड़कन को गा लेती है।
तुम्हारी मुस्कान में बसी वो शांति,
जो न शब्दों में कह सकूँ, न आँखों से दिखा सकूँ,
वो सुकून, वो ताजगी,
जो मेरे हर ख्वाब में रूह की तरह बसी होती है।
होंठों की हर मुस्कान,
मेरे दिल के भीतर एक नयी उम्मीद जगाती है,
जैसे तुम्हारी हँसी का हर पल,
मेरे जीवन के सबसे सुंदर लम्हे का रूप हो।
ओ मेरी जान,
तुम्हारे होंठों की मुस्कान,
मेरे लिए एक खजाना है,
जो हर दिन मेरे दिल को समर्पित रहता है...

92. प्यास की लहर

तेरी आँखों में बसी प्यास की लहर,

जैसे एक मीठा ख्वाब,

जो हर पल मुझसे कुछ और चाहता है,

जो मुझे अपनी ओर खींच लाता है।

तेरी नज़रें जो मेरी ओर उठती हैं,

मेरे भीतर एक आग जल जाती है,

वो प्यास जो तेरे दिल में है,

मेरे रूह तक पहुँच जाती है।

तेरी हँसी में बसी वो तृष्णा,

जो कभी बुझती नहीं,

एक लहर सी उठती है हर पल,

जो मुझे और तुम्हें एक साथ पिघलाती है।

प्यास की वो लहर, जो न कभी खत्म होती है,

न कभी शांत हो पाती है,

वो एक अनकही ख्वाहिश है,

जो हमारे बीच अनंत तक बढ़ती जाती है।

ओ मेरी जान,

तुम्हारी प्यास की लहर,

मेरे दिल की धड़कन में बसी रहती है,

हर पल, हर सांस, हर लम्हा,

तुमसे जुड़ी एक गहरी तृप्ति की तलाश में...

93. नागिन सी अदा

तेरी नागिन सी अदाएँ,
जैसे खामोशी में छुपा कोई रहस्य,
हर चाल में एक जादू बसा,
जो मुझे अपनी ओर खींचता है।
तेरी आँखों की वो झपकी,
जैसे किसी वीराने में गूँजती रात,
तेरी हर अदा में एक हलकी सी मस्ती,
जो मेरे दिल में तूफान ला देती है।
तुम्हारी चाल में बसी वो धड़कन,
जो हर कदम में समाई होती है,
एक नागिन सी लचकती हिलती नज़र,
जो मेरे दिल के भीतर हलचल मचा देती है।
तेरी अदाओं में वो बेपनाह जादू,
जो हर दिल को बेचैन कर देता है,
तुम्हारी नागिन सी अदा,
मेरे ख्वाबों की हकीकत बन जाती है।
ओ मेरी जान,
तेरी नागिन सी अदा,
मेरे दिल की रगों में बसी रहती है,
हर पल तुमसे जुड़ा एक अनकहा जादू,
जो मुझे खो जाने पर मजबूर कर देता है...

94. तेरे नखरे

तेरे नखरे, जैसे कोई खिलता हुआ गुलाब,

हर पंखुड़ी में एक शरारत छिपी हो,

तुम्हारी हर अदा में एक राज़ बसा हो,

जो दिल को बेचैन कर जाता है।

तेरे नखरे, जैसे चाँदनी रात की छाँव,

जो कभी हल्की, कभी गहरी,

मेरे दिल को अपने मायाजाल में बांध लेती है,

और हर पल एक नई तृष्णा जगा देती है।

तुम्हारी मुस्कान में वो नखरे,

जो कह नहीं पाती, मगर आँखों से बयां होती है,

हर इशारे में कुछ खास छिपा होता है,

जो मेरे दिल को छू जाता है।

तेरे नखरे, तेरे हुस्न की एक बेमिसाल गवाही,

जो हर बार मुझे चौंका देती है,

हर कदम में तू खुद को और भी खास बना देती है,

और मैं तुम्हारे इन नखरों का दीवाना हो जाता हूँ।

ओ मेरी जान,

तेरे नखरे, तेरी मासूमियत,

मेरे दिल की धड़कन बन जाते हैं,

जो हर पल तुमसे जुड़ी होती है,

और मेरी दुनिया को प्यार से महकाती है...

95. मासूमियत और पायल

तेरी मासूमियत, जैसे सुबह की पहली बूँद,
जो धरती को सुकून और शांति देती है,
तुम्हारी हर हँसी में एक नयापन है,
जो दिल में खुशी का अहसास भर देती है।
तेरी आँखों में बसी वो मासूमियत,
जो अनकहे शब्दों से ज्यादा कह जाती है,
तुम्हारी नज़रें जैसे एक मीठी सी चुप्प,
जो बिना बोले ही दिल को छू जाती है।
तेरी पायल की छनक, जैसे रिमझिम बूँदें,
हर कदम में एक अनकहा गीत गाती हैं,
तेरी मासूमियत और पायल की ध्वनि,
मेरे दिल को एक नयी ताजगी से भर देती हैं।
तुम्हारी मासूमियत में बसी वो शरारत,
जो धीरे-धीरे दिल में बसा जाती है,
तेरी पायल की हर छनकार,
मेरे ख्वाबों में बस जाती है।
ओ मेरी जान,
तेरी मासूमियत और पायल की आवाज,
मेरे दिल की धड़कन से भी प्यारी है,
जब भी तुम पास होती हो,
ये पल हमेशा याद रहते हैं...

96. शिसकना

तेरी यादों में खो जाने का वो एहसास,
जैसे दिल में गहरी चुप्प सी शिसकन हो,
हर पल वो दर्द जो मुझसे बयान नहीं होता,
होंठों पर आकर भी खुद को थामे रखता है।
तेरे बिना हर ख्वाब में एक शिसकन छुपी होती है,
जो दिल की गहराइयों में बसी रहती है,
कभी यह दर्द उभरकर बाहर आता है,
तो एक हल्की सी आह के रूप में शिसक जाता है।
तेरे नाम की पुकार, वो भी ग़म में खो जाती है,
आँखों में अश्कों का समुंदर, जो शिसकते हैं,
मेरी चुप्पों में तुझे महसूस करना,
तभी हर दर्द खुद में समेटे रहता है।
शिसकना वो अहसास है जो बिना आवाज़ के,
मेरे दिल की गहराइयों में हर पल बसा रहता है,
तुम्हारे दूर होने से, वो हल्की सी चुप्प,
हर बार नई उम्मीद और नई तकलीफ को जन्म देती है।
ओ मेरी जान,
तुम्हारे बिना ये शिसकन मेरे दिल में बसी रहती है,
जब भी तुम्हें याद करता हूँ,
मेरे दिल की हर धड़कन में यही शिसकन बसी होती है...

97. होंठों की मिठास

तेरे होंठों की वो मिठास, जैसे शहद की बूँद,

जो हर शब्द में बसी रहती है,

तुम्हारी हँसी की वह खुमारी,

जो मुझे हर पल अपनी ओर खींचती है।

तेरे होंठों की वो हल्की सी मुस्कान,

जो मेरे दिल को सुकून देती है,

जैसे हर पल सर्दी में चाय का गर्म प्याला,

जिसमें सिर्फ प्यार की घूंट होती है।

तेरे होंठों की मिठास, जैसे किसी मीठे गीत की धुन,

जो दिल को एक सुकून और शांति का अहसास कराती है,

वो प्यारी सी मुस्कान, जो एक सपना बनकर,

मेरे ख्वाबों में बसी रहती है।

तुम्हारे होंठों की वो मिठास, जो शब्दों से परे है,

जैसे चाँद की चाँदनी और रात का सुकून,

तेरी वो चुप्प, जो हर भावना का बयान करती है,

मेरे दिल में बस तुम्हारे होंठों की मिठास रहती है।

ओ मेरी जान,

तेरे होंठों की मिठास ही मेरी दुनिया है,

जब भी तुम्हारी मुस्कान होती है,

मेरे दिल में बसी रहती है एक मीठी सी तृप्ति...

98. तेरी मेरी

तेरी मेरी एक अनकही कहानी,
जैसे दो दिलों की एक अनमोल धड़कन हो,
तू हो मेरी रोशनी, मैं तेरा अंधेरा,
हम दोनों में बस एक दूजे का प्यार हो।
तेरी मेरी, वो जादुई बातें,
जो शब्दों में कभी नहीं आ पातीं,
हमारी साइलेंट बातें, वो आँखों का इशारा,
जो दिलों की गहराईयों को महसूस करती हैं।
तेरी मेरी, वो यादें जो ताउम्र बनी रहेंगी,
हर लम्हे में बसी तुम्हारी हँसी,
तेरी मेरी राहें कभी नहीं अलग होंगी,
क्योंकि हम दोनों एक दूजे के हो चुके हैं।
तू मेरा आज है, मैं तेरा कल,
तेरे बिना मैं अधूरा हूँ, और तू मेरी तलाश,
हम दोनों मिलकर बनाते हैं एक ख्वाब,
तेरी मेरी, एक प्रेम की बेमिसाल दास्तान।
ओ मेरी जान,
तेरी मेरी कहानी कभी न खत्म हो,
क्योंकि हर पल, हर सांस में,
हम दोनों का प्यार हमेशा जीवित रहेगा...

99. झुल्फों की सरगम

तेरे झुल्फों की सरगम, जैसे हवा में बसी कोई मीठी धुन,

हर लहर में एक नये अहसास की खनक,

जो दिल के तारों को छेड़ती है,

और मेरे दिल की धड़कनों को तुमसे जोड़ देती है।

तेरे झुल्फों में बसी वो मस्ती,

जो हर सुबह को खास बना देती है,

उनके हल्के झूले, जैसे राग का मधुर आलाप,

जो पूरे दिल में एक गहरी सुकून की लहर छोड़ जाता है।

तेरी झुल्फों की सरगम, जैसे रात की खामोशी में बसी हुई

ताजगी,

जो हर पल को महसूस कराती है,

उनमें बसी हंसी की नर्म आवाज़,

मेरे दिल की गहराइयों में एक सिम्फनी बजाती है।

तेरे झुल्फों का वो कशिश, जैसे चाँद की चाँदनी में बसी

शांति,

हर लहर में एक नयी रचना बनती है,

जैसे तेरी धड़कन में लहराती हो एक पवित्र संगीत,

और मेरा दिल उसे सुनता जाता है।

ओ मेरी जान,

तेरे झुल्फों की सरगम में बसी है,

हमारी चाहत, हमारा प्यार, और हमारी रूहानी जुड़ाव,

हर पल वो आवाज़ मेरे दिल में गूंजती रहती है...

100. जवानी की घुट

तुम्हारी जवानी की घुट, जैसे एक मीठा, लेकिन गहरा
ज़हर,
जो धीरे-धीरे दिल को सुलगाता है, और फिर एक आग में
बदल जाता है।
तेरे आँखों में बसी वो मासूम सी ललच,
जो हर बार मेरे दिल की धड़कन बढ़ा देती है।
तेरी मुस्कान में छिपी वह अद्वितीय खुमार,
जो जवानी की सबसे प्यारी और नशीली घुट बन जाती है,
हर लम्हा उसमें बसी तड़प और चाहत,
मुझे खुद से ज्यादा तुझसे प्यार करने की राह दिखाती है।
तेरी जवानी की वह घुट, जो एक हलकी सी आह बनकर
निकलती है,
जिसमें सारा दर्द और सारा प्यार एक साथ समा जाता है,
जब तू पास होता है, तो लगता है जैसे दुनिया रुकी हो,
और सिर्फ हम दोनों का वक्त बहे जा रहा हो।
ये घुट तेरे और मेरे बीच में बसी हुई हर उस कहानी का
हिस्सा है,
जो जवानी के उस शरारती मोड़ पर बसी होती है,
जहाँ हर अहसास एक राज़ बनकर,
हमारी चाहत और हमारी तड़प में समा जाता है।
ओ मेरी जान,
तुम्हारी जवानी की वह घुट, जो मेरे दिल में हर पल

पलती है,
वो कभी खत्म नहीं होती, और हमेशा एक जलती हुई आग
सी रहती है,
जो हमें एक दूसरे से और भी करीब करती है...

प्रेम की इस अनंत यात्रा में, हर शब्द एक पुल है, जो हृदयों को जोड़ता है, और हर कविता एक अहसास है, जो आत्मा में बसे प्रेम की झलक दिखाती है। यह संग्रह प्रेम की तीव्रता और उसकी नाजुकता दोनों को समर्पित है।

जो प्रेम कर चुके हैं, जो प्रेम में हैं, और जो प्रेम की तलाश में हैं–इस पुस्तक के हर शब्द आपको अपने एहसासों की परछाईं दिखाएंगे। प्रेम असीम है, शाश्वत है, और इस पुस्तक के पृष्ठों में बसा हर शब्द इसका प्रमाण है।

आपका साथ और आपकी संवेदनाएँ इस यात्रा का सबसे सुंदर हिस्सा हैं। प्रेम की इस मधुर धुन में आपका स्वागत है–यह आग कभी न बुझे!